开发者关系
方法与实践
Developer Relations
How to Build and Grow a Successful Developer Program

[加]卡罗琳·莱科（Caroline Lewko）著
[英]詹姆斯·帕顿（James Parton）
陈俊杰 林旅强 译

人民邮电出版社
北京

图书在版编目（CIP）数据

开发者关系：方法与实践 /（加）卡罗琳·莱科
(Caroline Lewko),（英）詹姆斯·帕顿
(James Parton)著；陈俊杰，林旅强译. -- 北京：人
民邮电出版社，2023.4（2024.4重印）
ISBN 978-7-115-61281-6

Ⅰ. ①开… Ⅱ. ①卡… ②詹… ③陈… ④林… Ⅲ.
①企业管理 Ⅳ. ①F272

中国国家版本馆CIP数据核字(2023)第041107号

版权声明

First published in English under the title *Developer Relations: How to Build and Grow a Successful Developer Program* by Caroline Lewko and James Parton Copyright © Caroline Lewko, James Parton, 2021

This edition has been translated and published under licence from APress Media, LLC, part of Springer Nature. Simplified Chinese-language edition copyright © 2023 by Posts & Telecom Press, Co. LTD.

All rights reserved.

本书中文简体字版由APress Media, LLC 授权人民邮电出版社独家出版。未经出版者书面许可，不得以任何方式复制或抄袭本书内容。

版权所有，侵权必究。

◆ 著　　[加]卡罗琳·莱科（Caroline Lewko）
　　　　[英]詹姆斯·帕顿（James Parton）
　译　　陈俊杰　林旅强
　责任编辑　秦　健
　责任印制　王　郁　焦志炜

◆ 人民邮电出版社出版发行　北京市丰台区成寿寺路11号
邮编　100164　电子邮件　315@ptpress.com.cn
网址　https://www.ptpress.com.cn
北京盛通印刷股份有限公司印刷

◆ 开本：720×960　1/16
印张：16.5　　　　　　　2023年4月第1版
字数：234千字　　　　　2024年4月北京第4次印刷
著作权合同登记号　图字：01-2022-1261号

定价：79.80元
读者服务热线：(010)81055410　印装质量热线：(010)81055316
反盗版热线：(010)81055315
广告经营许可证：京东市监广登字20170147号

内容提要

本书是一本开发者关系和开发者市场领域的突破性著作,深入浅出地介绍了开发者关系相关的概念、框架及实践。本书结合各类新技术、新方法的特点,带领读者一步步学习开发者关系的落地方法。本书从意识文化建立到研发、测试、培训,再到度量、模型运营等多个维度剖析问题,并提供结合行业特点的解决方案,为读者提供更多的参考价值。本书助力开发者关系实践的日益普及和专业化,并有助于推动开发者关系在企业内发挥更大的作用。

本书内容丰富,架构清晰,案例翔实,适合开发者关系部门负责人、企业高管、投资人、工程师、产品经理和营销人员阅读。

译者序

得开发者得天下

"开发者为什么重要?"这是投身开发者生态工作多年的我经常被问到的问题。一言以蔽之,答案就是"得开发者得天下"。

开发者生态已经是许多新形态商业模式的核心价值和关键要素。它是商业模式的护城河,是平台经济的磐石基座,是伙伴拓展的助推动力,是软件供应链韧性和创新性的双重保障。换句话说,一旦生态在发展过程中过了规模拐点,就会形成事实上的垄断,即可为生态的开局庄家和早期的入局玩家带来超额利润,直到新的技术、商品及应用场景颠覆原来的商业模式。

回看每个时代的胜出者:PC 产业的 Windows 操作系统,服务器产业的 Linux 操作系统及其各个发行版如红帽、SUSE、Ubuntu 等,移动互联网产业的 iOS 及 Android 操作系统,仍在飞速发展当中的云计算产业如 AWS、Google Cloud、Azure、阿里云和华为云等,以及 AI 框架如 TensorFlow、PyTorch、PaddlePaddle 及 MindSpore 等,都致力于发展出丰富的开发者和应用生态。

开发者既是软件产品服务的消费者,也是创作者,同时还是价值创造者。开发者通过使用各种软件工具、调用各种 API、构建各种场景的应用,既可创造商业收益,也能创造社会公益价值。因此,只要有足够多开发者采用,构建足够多的应用,满足客户和消费者的需求,就能为你的产品技术服务形成健康、充满活力、可持续发展的商业模式。

作为技术行业群体和企业机构中的成员,开发者经常是技术架构选型和 IT 软件服务采购的决策影响者。无论面向的是 C 端消费者(B2C 商业模式)还是 B 端企业/行业客户(B2B 商业模式)的营销、运营和客户关系维护的方法论,都无法直接套用在这群对技术产品服务有独特品味及选择偏好的开发者群体上。面向 D 端的开发者关系(B2D 商业模式)到底该怎么构建和深化,成为各家企业争相探讨和实践的热门话题。

欧美是开发者生态领域的先行者。我在从事开发者生态工作的这十多年里，阅览了大量海外相关专家前辈的书籍、博客、视频等资料，并参与海外软件技术及开源大会，与全球专家进行交流，甚至通过企业和社区邀请这些专家作为咨询顾问来到中国进行内外部分享。在此过程中，我获益匪浅。但目前国内始终没有针对"开发者关系"主题的系统性的科普内容，直到人民邮电出版社引进了《开发者关系：方法与实践》。这本书确实能作为企业在策略制定、组织设计、指标维度、开发者关系项目、营销运营、社区建设及体验提升等各方面的参考指南。

感谢人民邮电出版社的邀请，让我有幸参与本书的翻译，并能为中国开发者生态建设投入个人的绵薄之力。同时我希望借助本书抛砖引玉，带动更多本土的企业和社区，共建中国的开发者生态土壤，形成更多成功的开发者关系项目，强化中国开发者的技术竞争力，引领软件技术和产业蓬勃发展。

林旅强

推荐序 1

非常荣幸能够为《开发者关系：方法与实践》的中文版作序。我和本书的译者林旅强（Richard）已经相识超过 10 年。在过去的 10 年中我们都扎根在开发者社区领域，每天与一线开发者以及技术厂商打交道。在这个过程中，我们有过一些工作方面的交集，也有过不少日常交流。在一次次开发者活动中，在一次次的迷茫与笃定中，我们共同见证了开发者社区在中国从无到有，并最终成为企业的战略要地。例如，几乎所有云计算厂商都有了自己的开发者社区（如华为开发者联盟、阿里云开发者社区、亚马逊云科技开发者中心等）和开发者大会品牌（如 HDC 华为开发者大会、谷歌开发者大会、百度飞桨 Wave Summit 等），并且纷纷设立开源管理办公室。此外，许多初创公司和创新型技术企业也开始关注开发者关系，并积极拓展开发者社区。

然而，虽然开发者关系已经受到越来越多技术厂商的重视，但这依旧是一个很新颖的领域——在国内，我们缺乏这一方向的专业书籍，尤其是实操指南，而能供从业者体系化学习的线上资源也非常有限。为此，我们在 2021 年发起了国内首个开发者生态大会 Dev.Together。今天我们很欣喜地看到 Richard 把这么宝贵的学习材料引入国内，利用其对这一领域的专业认知，将国外的领先实践翻译成中文版本。

这本书涵盖了开发者关系的各个方面，汇集了多位资深的开发者关系专家的行业洞见，内容涉及从对开发者关系这一概念的解读到目标制定、市场开拓、度量指标、团队建设和实施等。这本书的作者通过 20 多年沉淀的丰富案例和实践经验，为读者提供了全面的指南和实用的技巧。此外，这本书还提供了许多工具和模板，而且这些资源都已开源，可以帮助读者快速上手，开展开发者项目和计划，度量并改进开发者关系。

本书也是一本不错的启发性读物。或许本书中介绍的一些具体的方法论在当前的市场环境下并不一定可以直接使用，但通过阅读本书，读者可以深入了解开发者关系的本质和价值，从而引发更多的思考和方法探索。同时，本书不仅适用于技术企业的开发者关系团队，而且适用于任何关注开发者关系的企业和组织。

作者、译者和出版社的共同努力，让这本书得以出版面世，为开发者关系这个在中国科技行业日益重要的领域做出了重要的贡献。我相信这本书将成为中国开发者关系领域的标志性著作，帮助更多的企业和组织建立与发展成功的开发者生态。

高阳（Sunny）
SegmentFault（思否）首席执行官
Answer.dev 联合创始人

推荐序 2

自从 16 年前加入微软公司,我就从一位开发者转向面对开发者、服务开发者的角色。无论是在微软公司的 DPE(Developer & Platform Evangelism)部门还是后来的合作伙伴生态部门,我总是在和不同的开发者个体、MVP(Microsoft Most Valuable Professional,微软公司最有价值专家)、开发者社区、软件园区以及合作伙伴或客户沟通基于开发平台以及云服务等方面的内容。

在这些年的工作过程中,我也总是在思考关于"开发者关系"的一些事情,同时,作为管理者,也产生了一些关于"开发者关系"的困惑,例如:

- 如何在企业内部构建一个健康的、有层次梯度的开发者文化,尤其是在软件技术层出不穷的今天;
- 如何系统地培养"开发者关系"从业人员(我们称为 Evangelist),使之更有效率地服务不同层次的开发者;
- "开发者关系"团队和从业人员很显然不能直接给公司带来"现金流式"的价值,因此如何构建运维体系、衡量指标以与公司的整体战略目标协同、与不同的团队进行协作,是开发者关系管理者必须考虑的问题;
- 由于不同的开发者可能会使用不同的开发工具、开源框架、开发模式等,因此,作为"开发者关系"的从业人员,如何合理利用开发者社区以及社区活动,从技术上保证求同存异、流程对齐,也是值得思考的事情。

很幸运,如今人民邮电出版社出版了卡罗琳和詹姆斯合著的《开发者关系:方法与实践》,从根本上解决了我上面的一些困惑,并且这本书难能可贵地给出了极具操作性的实践,例如管理者如何衡量开发者关系的业绩指标以及与公司战略目标的对齐。

对所有与开发者关系相关的从业人员来说，这本书值得花时间系统学习。公司的其他角色如 CEO、CFO 等决策者，以及公司的市场人员、销售人员等，也可以从中获得和"开发者关系"团队及从业人员紧密合作的灵感，从而达到降本增效的目的。

崔宏禹

微软（中国）有限公司创新技术总经理

推荐序 3

大约 14 年前，我在职业生涯中第一次介入开发者关系方面的工作，成为微软公司的一名"技术布道师"。在那时，马克•安德森还没有写下那句"Software Is Eating the World"，而开发者这个群体还没有被看作是能够影响这个世界发展的独特群体。彼时，开发者关系还没有形成一套系统的理论。为数不多启动开发者关系工作的公司尚处在早期的摸索阶段。

斗转星移，当我在"布道师"这个角色上工作 10 个年头后，有幸见证随着软件力量的崛起，开发者关系不再是个冷僻的概念而渐为人知。许多企业包括软件公司、互联网企业、创业公司甚至传统企业都开始涉足这个领域，纷纷设立相关的团队或角色。但是，如果你问"什么是开发者关系"，可能会得到许多模棱两可的回答。因为在现实中开发者关系是涵盖各种不同角色和头衔的包罗万象的一个短语，其中不仅包括一些特殊的角色诸如"开发者布道师"和"开发者关系经理"，而且包含较新颖的头衔，如"开发者体验经理"。这些角色因公司而异，甚至在公司内的不同团队之间也存在着差异。

回顾历史，究竟是哪家公司首先使用"开发者关系"这个概念并没有定论。维基百科认为是苹果公司在 20 世纪 80 年代开始了这项工作。但公认的一点是，微软公司和苹果公司都以"开发者关系"而闻名。两者都是世界知名的企业，在成为世界知名企业之前，它们就专注于与开发者建立关系。据说，微软公司每卖出一个 Visual Studio（Windows 集成开发环境工具）的许可证，就会额外增加 5 个 Windows 许可证的销售。

至于苹果公司，盖•川崎被称为伟大的 Macintosh 计算机的布道者之一。他促进了苹果公司作为软件开发平台的吸引力，并致力于帮助开发者为 Mac 创建应用。这种文化至今仍影响着苹果公司每年举办的全球开发者大会。

在为微软公司与苹果公司工作 10 年以后，我逐渐体会到，开发者关系存在的意义在于其填补了公司组织架构中的一个或多个空白，承担了企业、产品和服务与技术消费者之间的纽带作用。不同于传统意义上的营销，开发者关系的艺术是在不向开发者销售或营销的情况下在开发者社区建立真实的信任关系。为了达成这种信任，我经常强调"在开发者社区中，我代表公司；在公司中，我代表开发者社区。我们必须时刻考虑到开发者的利益"。对于这样一个新的概念，不是所有人的认知都是相同的。作为开发者在公司中的代言人，难免会被问到如下这些问题。

为什么开发者关系很重要？

因为市场上的广告并不是以开发者为目标受众而投放的。传统的营销用于确保将产品和服务交付给目标用户，但这种方法对于技术产品的营销是低效的。没有真正触及开发者的营销没有意义。因此，将开发者作为用户而创建的以影响力为目标的新型策略才可以称作"开发者关系"。

为什么开发者关系是有效的？

这是因为开发者关系强调与开发者建立基于信任的关系。当开发者选择某种技术产品或服务时，这种支持与信任会持续多年。由于获得一项技能通常需要数年时间，因此很难立即丢弃一种技术路线产品并更换为另一种，这意味着在选择时需要大量的判断力。通过开发者关系的系统性工作，开发者知道自己的选择很好，进而感到安心。随着信息的泛滥，通过互联网进行选择的开发者并不少见。开发者关系能够与开发者使用相同的编程语言，从而吸引开发者或逐步赢得他们的信任。许多开发者都有博客或社交媒体账户，通过他们的宣传可以将这种信任放大，最终达到通过一名开发者影响更多开发者的效果。

坦白地说，开发者关系是一种新型的营销手段，用于确保自己的企业、产品和开发者通过有效的沟通与外部开发者建立良好、持续的关系，从而帮助企业成为市场上具有影响力的赢家。

今天，人们对开发者关系终于有了系统性的研究，就如同本书所阐述的理论。在实践中，我认为开发者关系是3个学科的交叉点——工程、营销和社区管理。而开发者关系这项工作的三大支柱则是代码、内容与社区。代码或许是开源项目，或许是快速入门的示例；内容是博客文章、在线教程、演讲等；在社区中与开发者面对面或在线进行合作，这些线上的工具也许是微信朋友圈或Stack Overflow等。当然，随着技术的迭代与进步，尤其是各种新的商业模式的推陈出新，开发者关系的理论一定不会拘泥于此。正如本书第29章的标题所写的那样"化理论为行动"，希望每一位与开发者相关的人员，都能够从本书的理论中受益并付诸实践。让我们共同开启这段开发者关系之旅吧！

费良宏
亚马逊云科技首席架构师

推荐序 4

国外很早就有专门的开发者关系会议和著作，Community Over Code 的理念也得到广泛实践。过去在中国开发者关系和生态一直不受重视，近年来随着中国开源技术相关产品的蓬勃发展，开发者关系和社区建设变得越来越重要。很高兴看到人民邮电出版社引进了这本《开发者关系：方法与实践》。译者林旅强是开源技术界的资深人士，对开发者关系领域的实践和方法有深入的研究。这本书详细介绍了如何建立和发展一个成功的开发者计划，以及如何更好地与开发者社区合作。这本书包含大量的实用建议和成功案例，可以帮助企业建立更好的开发者生态，提高开发者满意度，促进产品和业务的发展。

作为开发者社区的创始人和经营者，我们深知开发者关系对于社区和企业的重要性。我们非常认同这本书的观点和方法，并且相信这本书会为更多的企业和开发者社区提供非常实用和宝贵的参考与帮助。

蒋涛

CSDN 创始人

推荐序 5

在技术创新和数字化转型的浪潮下，我们看到一批基于云计算、基础软件等以开发者为核心用户/客户的企业迅速成长起来。其中，那些可以为开发者提供优质服务并且具备开发者生态运营的企业往往更容易走向成功。然而，目前大多企业还处于摸索阶段，《开发者关系：方法与实践》这本书此时翻译引进，显得十分应景。

本书主要讲述了如何构建和运营成功的开发者计划，内容涵盖了开发者关系的基本概念、开发者计划的设计和实施、开发者社区的构建等方面。无论是企业 CXO、中层管理者还是一线员工，都可以从商业模式构建、组织架构设计、业务目标设定和具体计划落地执行等多个维度获得建议和启发。

本书的作者 Caroline Lewko 和 James Parton 都致力于推动技术创新和构建开发者社区。他们拥有多年的开发者关系领域工作经验，这本书也是他们多年的心得总结。

过去十余年，极客邦科技一直在与开发者群体打交道，旗下的 InfoQ 极客传媒致力于让创新技术推动社会进步，源源不断地为开发者提供实践驱动的技术内容；极客时间已经为开发者群体上线了千余门课程；极客时间企业版则致力于为数字化转型关键时期的企业和开发者提供优质的课程和培训服务。此外，每年的 QCon 大会、ArchSummit 大会都会分享开发者关注的技术话题，不遗余力地为中国的技术力量添砖加瓦。

在投身共建中国开发者生态的过程中，极客邦科技更加深刻地认识到开发者关系的重要性，拥抱技术和开发者将是企业持续发展的必经之路。《开发者关系：方法与实践》一书的内容涵盖了开发者关系项目的所有方面，可以帮助读者有效地理解开发者关系并落地实施，最终帮助组织获得成功。

霍太稳
极客邦科技创始人兼首席执行官

序言

20世纪90年代，Java刚发布不久。这一全新编程语言的出现让程序员所编写的应用第一次具备了可移植性。在大学毕业后的6年里，我一直从事计算机语言的培训工作，向所有感兴趣的人推广编程知识，这让我感到非常充实和满足。

当时，我在业内领先的Java应用服务商BEA Systems担任首席布道师。在那个年代，开发者在大众的眼中还是一个陌生独特的群体，在IT领域内的影响力更是微不足道。

当时的我并不知道早期的科技企业将开发者关系这一职能称为"布道"。彼时，我们最大的乐趣就是看到越来越多的开发者参加研讨会，学习编程语言，又或是将我们最新的Java编程经验分享在流行专业期刊上。很大程度上，"布道"让我感受到了意义，收获了成长。通过向外界传播有价值的技术观点，我们在这个过程中学习了更多的知识。

在过去的20年里，开发者成为经济发展重要的驱动力。据统计，2020年全年美国的开发者市场达到2 700亿元。毫无疑问，开发者已经成为信息技术产业中的重要参与者。每年有超过1 200家科技企业不断向市场输送他们的产品。与此同时，开发者群体也在迅速壮大，超过2 000万名专业的程序员以及2.5亿名使用低代码技术的知识分子加入开发者群体的行列。开发者的重要性完全不亚于广告对"超级碗"或TikTok的意义。

正因为如此，越来越多的企业建立了专业的开发者关系团队，与开发者构建持续稳定的良好关系。

但是，各家企业对开发者关系的理解仍然处于较为早期的阶段。只有24%的世界500强企业有自己的开发者关系项目办公室。粗略浏览求职网站，不难发现只有那些顶尖的科技风投企业才有相应的开发者关系职位。在我所投资的各家企业中，也只有不到三分之一的公司建立了自己的开发者关系项目。可以看出，开发者关系职能在企业中的普及度并不高。

创建、发展开发者关系团队的过程极其困难。因此，当Caroline说她和James正在尝试将多年的开发者关系经验写成一本书时，我深知这将有助于开发者关系领域的专业实践,还会对营销、产品和客户成功业务产生深远影响。

一个良好的开发者关系团队有助于实现企业的根本利益。开发者团队能够帮助企业解决技术难题,在降低获客成本和客服成本的同时,减少客户流失,从而提高客户黏性和公司毛利。

在本书中,Caroline 和 James 为企业创建开发者关系部门提供了高效的行动指南。

本书第一部分对"开发者关系"进行了定义,并且从开发者培训、开发者营销、开发者成功等角度分析并突出了"开发者经济"的价值,以及开发者关系和传统的 B2B、B2C 技术有何不同。

技术的发展不断丰富着"开发者"的内涵。低代码技术的出现使得几乎每一位知识分子都有机会成为一名开发者。据估计,未来的 10 年内将会出现 5 亿名开发者。本书第二部分将对不同类型的开发者及其所在的企业进行定义和区分,从而为你自己的开发者营销和培训活动提供参考。

传统企业在开拓市场的过程中,以销售成单为核心,而开发者作为买家,更加青睐技术产品的创新性,这要求开发者关系在进行市场开拓时,以产品技术为出发点。在本书第四部分中,Caroline 和 James 系统地梳理了开发者关系项目的线索培育流程:先探索,后采用,再拓展,从开发者的视角解决了各个不同的阶段将面临的关键问题。本书第三部分则强调开发者关系团队与企业内部团队合作的重要性。

成功的开发者关系项目能够不断丰富开发者关系团队成员的经验,促进你的开发者客户不断取得成功。本书第五部分详细阐述了推动开发者团队成长过程中具体的流程、行动框架和战略战术。

这本书并不仅仅是一本开发者关系业务的行动指南,更重要的是,它将帮助你快速了解前人的经验和教训。真心希望这本书能够成为你进行开发者关系团队建设的重要参考。

Tyler Jewell
戴尔科技资本总经理
曾在 BEA、Oracle、Quest、Red Hat 和 MySQL 公司任职
曾担任 3 家开发者企业首席执行官
投资 15 家开发者企业

前言

开发者关系综述

开发者关系（Developer Relationship，DevRel）的定义在行业内和行业外均存在着分歧，这反映了开发者关系的复杂性。实际上，开发者关系业务早在20世纪80年代初期便已产生，最早由苹果公司的Macintosh营销团队开展，但至今公众对其仍是一知半解。

这么多年来，开发者关系领域的专业人士在实践中积累了大量的业务经验。与此同时，与开发者关系相关的专业书籍、播客、线上线下活动层出不穷，开发者社区也不断兴起，如WIP、DevRel网站和DevRel Weekly等。此外，新型行业分析机构，如SlashData、RedMonk、EDC等，也将目光放在开发者经济上，开展了一系列的专业研究和数据分析工作，推动了开发者关系的发展。

本书的目标是指导开发者关系从业人员的业务实践，推动该领域的专业发展，不断提高开发者关系团队在企业内的重视程度。事实上，每一家已有或计划开展开发者关系项目的公司，都应任命一位与CTO、CIO同级的开发者关系负责人（Chief Developer Relation Officer，CDRO）。只有开发者关系负责人在企业中为开发者发声，才能确保开发者关系部门的工作与公司核心的战略目标保持一致。

为了实现这个目标，我们构思了一系列开发者关系领域的方法和工具，并与之俱进，不断更新、验证它们在开发者关系领域的有效性。这些方法和工具融合了本书两位作者20年的工作经验和他们对开发者社区的热爱。

如果你已经是开发者关系领域的专家，或者渴望成为这样的专家，本书将协助你制定和实施开发者关系战略，并为你介绍一系列的工作方法，包括如何与开发者沟通、如何进行开发者关系项目管理、如何为团队招募人才、如何对项目成果进行评估。

如果你是开发者关系业务的利益相关者，又或者你考虑建立自己的开发者关系团队，本书将向你详细介绍开发者关系的工作，帮助你实现开发者关系业务与公司整体目标的一致性。

我们已开源本书介绍的所有框架，并期待这些框架在社区内被广泛采用和补充。

本书主要内容

如果你面临如下的问题，那么这本书将对你有所帮助。

- 如果公司要求**你负责一个新的开发者关系项目**，你想了解如何启动项目、招募人才、制定战略、获得成功。
- 如果你希望在向公司**汇报开发者关系项目的进展**时扩大项目在公司内的影响力，确保项目持续运行。
- 如果你的公司希望借助现有开发者关系项目，**推广一项新技术或一款新工具**。
- 如果你需要用专业的论述和方法**管理企业最高管理层对开发者关系项目的预期**。
- 如果你负责商务合作，想**了解如何与开发者共事**。
- 如果你**有技术背景**，但想**了解如何在开发者关系领域进行市场营销**。
- 如果你立志**成为开发者关系从业者**，希望全面了解开发者关系的内涵和工作方法。

恭喜你！这本书就是为你而准备的。

致力于发展开发者关系的企业形形色色，它们的规模不同、产品各异，同时商业成熟度也存在差异。然而，开发者关系在与开发者互动的过程中所面临的问题都是共通的。不管你是在一家创业公司，可以很幸运地从零开始建立自己的开发者关系项目，还是在大型企业中，不得不克服推进开发者关系项目中遇到的挑战，这本书都将帮助你更好地实现目标。

接下来我们开启这段旅程吧！

Caroline Lewko 和 James Parton

作者简介

Caroline Lewko 是一位富有远见的企业家。20 年来,她致力于推动技术创新,构建开发者社区,帮助创业公司实现从 0 到 1 的突破。在移动互联网领域积累了一定的经验之后,Caroline 于 2006 年创办了世界上第一家开发者关系外包公司 WIP。截至目前她已在超过 20 个国家开展开发者关系咨询和市场活动,范围涵盖边缘计算、机器学习、移动应用等多种平台技术。除此之外,她还经常在行业大会上发表主旨演讲,担任主持人,发挥影响力。

Caroline Lewko 目前担任 Revere Communications 公司的首席执行官。该公司的服务对象既包括世界 500 强企业,也有快速成长的创业公司,旨在帮助企业培养下一代开发者关系业务的领导者。

工作之余,Caroline 喜欢在她最爱的城市温哥华做园艺、骑行或者品酒。

James Parton 曾在知名的欧洲移动运营商 O2 公司和 Telefonica 公司担任首任开发者关系主管,同时他也是云通信巨头 Twilio 公司拓展欧洲业务时的第一位海外员工。他在 Twilio 公司工作了 5 年,于 2016 年见证了 Twilio 公司的上市,并在不久后离职。目前,James 担任开发者应用联盟和移动生态论坛的董事,在行业和政府内积极为开发者群体代言。他还创立了 Land and Expand 咨询公司,为各阶段的公司和风险投资提供开发者关系业务战略咨询。

除开展开发者关系活动以外,James 还担任剑桥布拉德菲尔德中心的执行董事。布拉德菲尔德中心为剑桥大学学生提供创业支持,同时也是剑桥地区,甚至整个英国技术社区信息交流的中心。他还是 Triple Chasm 公司的联合创始人,为企业提供数据驱动技术和培训,帮助其扩大业务。

技术审校人员简介

Phil Leggetter 是开发者关系资深人士，拥有该领域丰富的实践经历，曾帮助企业最高管理层制定开发者关系战略，管理上百万美元的开发者业务。他既帮助过创业公司的开发者团队实现业务闭环，也曾帮助过上市公司扩大开发者关系业务。Phil 还积极支持开发者社区的发展，分享实践经验，如 AAARRRP 开发者战略模型，以帮助开发者团队完成从公司战略到开发者业务的转化和落地。目前，他还担任中小型企业的开发者关系业务顾问。

资源与支持

本书由异步社区出品，社区（https://www.epubit.com）为您提供相关资源和后续服务。

提交勘误

作者、译者和编辑尽最大努力来确保书中内容的准确性，但难免会存在疏漏。欢迎您将发现的问题反馈给我们，帮助我们提升图书的质量。

当您发现错误时，请登录异步社区，按书名搜索，进入本书页面，单击"发表勘误"，输入错误信息，单击"提交勘误"按钮即可，如下图所示。本书的作者和编辑会对您提交的错误信息进行审核，确认并接受后，您将获赠异步社区的 100 积分。积分可用于在异步社区兑换优惠券、样书或奖品。

扫码关注本书

扫描下方二维码，您将会在异步社区微信服务号中看到本书信息及相关的服务提示。

与我们联系

我们的联系邮箱是 contact@epubit.com.cn。

如果您对本书有任何疑问或建议,请您发邮件给我们,并请在邮件标题中注明本书书名,以便我们更高效地做出反馈。

如果您有兴趣出版图书、录制教学视频,或者参与图书翻译、技术审校等工作,可以发邮件给我们;有意出版图书的作者也可以到异步社区投稿(直接访问 www.epubit.com/contribute 即可)。

如果您所在的学校、培训机构或企业想批量购买本书或异步社区出版的其他图书,也可以发邮件给我们。

如果您在网上发现有针对异步社区出品图书的各种形式的盗版行为,包括对图书全部或部分内容的非授权传播,请您将怀疑有侵权行为的链接通过邮件发送给我们。您的这一举动是对作者权益的保护,也是我们持续为您提供有价值的内容的动力之源。

关于异步社区和异步图书

"**异步社区**"是人民邮电出版社旗下IT专业图书社区,致力于出版精品IT图书和相关学习产品,为作译者提供优质出版服务。异步社区创办于2015年8月,提供大量精品IT图书和电子书,以及高品质技术文章和视频课程。更多详情请访问异步社区官网 https://www.epubit.com。

"**异步图书**"是由异步社区编辑团队策划出版的精品IT图书的品牌,依托于人民邮电出版社几十年的计算机图书出版积累和专业编辑团队,相关图书在封面上印有异步图书的LOGO。异步图书的出版领域包括软件开发、大数据、人工智能、测试、前端、网络技术等。

异步社区

微信服务号

目录

第一部分 形成广泛的共识

第1章 开发者关系基本概念 ················ 3
开发者关系的核心要素 ················ 3
小结 ················ 6

第2章 开发者关系的定位 ················ 7
开发者关系部门职责 ················ 7
开发者关系的汇报结构 ················ 8
部门影响力雷达图 ················ 9
开发者关系——企业的信息枢纽 ················ 10
小结 ················ 12

第3章 开发者关系的起源和开发者职业的兴起 ················ 13
苹果公司不是一天"炼成"的 ················ 13
开发者的兴起 ················ 14
API 的兴起 ················ 18
持续发展的开发者 ················ 20
小结 ················ 21

第4章 开发者经济的价值 ················ 22
相关数据 ················ 22
案例研究：应用商店的发展 ················ 24
开发者经济的其他价值 ················ 25

小结 ··· 26

第二部分　开发者关系的独特之处

第 5 章　目标受众：开发者 ································· 29
开发者市场规模 ·· 29
开发者的常识 ··· 31
如今成为一名开发者难吗 ·· 35
小结 ·· 36

第 6 章　开发者作为决策制定者 ································· 37
开发者决策单元 ·· 37
小结 ·· 41

第 7 章　开发者企业和开发者+企业——开发者关系企业的分类 ········ 42
组织类型 ·· 42
拥有开发者关系业务的公司数量 ································· 44
由社区认定的市场领导者 ·· 44
小结 ·· 45

第 8 章　商业模式及变现战略——企业对开发者 ············ 46
这只是原料之一 ·· 46
价值链 ··· 47
B2B、B2C 与 B2D 商业模式 ····································· 48
B2D 商业模式变现战略 ·· 49
让你的模式更成熟 ··· 52
数字游戏 ·· 53
小结 ·· 54

第 9 章　开发者产品——确定价值并找到合身之处 ········ 55
要把面向开发者的技术视为一个产品 ···························· 55

开发者产品的类型 …… 56
　　开发者服务 …… 58
　　开发者产品的价值主张 …… 61
　　从长远来看 …… 63
　　小结 …… 66

第三部分　设定开发者关系目标

第10章　企业目标 …… 69
　　识别企业目标 …… 69
　　与企业目标对标的重要性 …… 70
　　与企业目标对齐 …… 75
　　小结 …… 76

第11章　开发者关系项目目标——制定战略和规划 …… 77
　　设定项目目标 …… 77
　　小结 …… 82

第四部分　开拓市场——战略落地

第12章　开发者细分 …… 85
　　开发者细分的重要性 …… 85
　　开发者细分框架 …… 87
　　市场细分的标准 …… 88
　　开发者细分画布案例研究 …… 89
　　小结 …… 91

第13章　开发者画像 …… 92
　　画像标准 …… 92
　　开发者画像框架 …… 93
　　小结 …… 98

第 14 章　沟通 · · · · · · 99

沟通的定义 · · · · · · 99
沟通的关键因素 · · · · · · 100
开发者沟通框架 · · · · · · 103
小结 · · · · · · 107

第 15 章　开发者旅程 · · · · · · 108

开发者旅程图的含义 · · · · · · 108
开发者旅程的各个阶段 · · · · · · 108
开发者旅程的触点 · · · · · · 110
开发者旅程的主舵手 · · · · · · 111
检验开发者旅程图 · · · · · · 112
小结 · · · · · · 114

第 16 章　探索阶段——这个开发者关系项目对我有用吗 · · · · · · 115

认知度和触达度 · · · · · · 115
探索阶段的触点 · · · · · · 116
探索阶段的常用触点 · · · · · · 117
开发者中心 · · · · · · 118
可信度 · · · · · · 120
小结 · · · · · · 121

第 17 章　开发者体验——产品和文档体验 · · · · · · 122

开发者体验 · · · · · · 122
小结 · · · · · · 127

第 18 章　评估阶段——产品能奏效吗 · · · · · · 128

激活 · · · · · · 128
评估阶段的触点和开发者培训材料 · · · · · · 128
公域触点 · · · · · · 131
定价策略 · · · · · · 132

小结 · · · · · · 133

第19章　学习阶段——如何使用产品　134
　　启程 · · · · · · 134
　　输入"Hello, World!" · · · · · · 134
　　学习阶段的触点和文档 · · · · · · 135
　　登录/注册 · · · · · · 136
　　其他资源 · · · · · · 137
　　技术准备 · · · · · · 138
　　小结 · · · · · · 139

第20章　构建阶段——概念验证是否可行　140
　　互动与支持 · · · · · · 140
　　构建阶段的触点和资源 · · · · · · 140
　　近在咫尺的客户 · · · · · · 143
　　小结 · · · · · · 144

第21章　规模化阶段——技术平台值得长期依赖吗　145
　　开发者忠诚和成长 · · · · · · 145
　　规模化阶段的触点和资源 · · · · · · 146
　　激励与社区 · · · · · · 148
　　小结 · · · · · · 150

第22章　开发者营销——产品知名度、线索挖掘和合作伙伴关系　152
　　开发者关系的市场营销策略 · · · · · · 152
　　小结 · · · · · · 158

第23章　开发者活动——线上和线下活动　159
　　开发者活动的特点 · · · · · · 159
　　开发者活动的形式 · · · · · · 160

线上开发者活动 164
　　组织开发者活动 166
　　开发者活动的旅程 167
　　黑客松 169
　　开发者活动的投入和回报 170
　　小结 171

第24章　销售：破除偏见——开发者关系和销售协作共赢 172
　　了解现代销售 172
　　超越自助服务 173
　　开发者关系与销售的协同效应 174
　　开发者关系和销售的流程对齐 175
　　小结 178

第25章　社区——你是社区服务者 179
　　什么是社区 179
　　社区的价值 182
　　社区运营的核心是社区成员及其贡献 184
　　如何开始运营一个社区 187
　　小结 189

第五部分　管理并优化开发者关系项目——衡量指标、团队建设和实施

第26章　衡量指标——衡量并监测开发者关系的目标与活动 193
　　衡量指标的分层及明确 193
　　开发者关系项目衡量指标——做什么 195
　　活动衡量指标——怎么做 197
　　社区衡量指标 198
　　评估你的衡量指标 199

衡量指标问责 ·· 205
　　小结 ·· 206

第 27 章　团队建设——把对的人带上车 ··· 207
　　通才助力你快速启动项目 ·· 207
　　专家助力你规模化拓展项目 ·· 208
　　开发者关系的领导力和职业道路 ··· 213
　　跨部门协作 ·· 215
　　开发者关系从业人员统计数据 ·· 216
　　小结 ·· 220

第 28 章　开发者关系项目的实施——从 0 到 1 ·· 222
　　定义开发者关系项目的成熟度 ·· 222
　　评估开发者关系项目的成熟度 ·· 223
　　比较各个阶段和指标 ·· 229
　　小结 ·· 230

第 29 章　结语——化理论为行动 ·· 231
　　接下来就到你了 ··· 231

第一部分　形成广泛的共识

在启动开发者关系项目之前，相关人员有必要对开发者关系形成广泛的共识。

这里的"相关人员"指的是开发者关系的从业人员和开发者关系业务的利益相关者，其中不仅包括企业的最高管理层，如首席执行官和董事会成员，也包括所有涉及开发者关系活动的部门（如首席技术官办公室、市场部门、产品部门、客户服务部门等）的员工，还包括公司外部的团队（如营销机构、公关公司或承包商）的成员。当然，你的团队成员也需要了解这一基本概念。

正如前言所述，我们强烈主张开发者关系团队直接向公司的最高管理层汇报，这能推动企业对开发者关系达成共识。然而，实际情况却并非如此。

无论你是开启一个新的开发者关系项目，还是推动已有项目持续运行，确保开发者关系的从业人员和利益相关者对开发者关系形成统一的认知是非常重要的。只有这样，企业内各个部门才能认可开发者关系的价值，因为这是企业内不可分割的一部分，对实现企业目标至关重要。

你可以通过一对一的交流建立共识，但更好的做法是在开发者关系项目启动会上，让所有利益相关者聚在一起，充分沟通，发现并解决跨部门的问题和争议，最终达成一致。

在企业内建立对开发者关系的广泛共识不是一劳永逸的。事实上，开发者关系团队需要投入足够的时间和精力，比如召开项目例会、定期汇报进度，确保重要利益相关者了解开发者关系项目的进展，并持续提供支持。

广泛的共识通常包括以下主题：

- 开发者关系的核心要素和差异化要素；
- 目标开发者及其与开发者关系业务的相关性；
- 开发者关系在企业组织架构中所处的位置；
- 开发者关系的商业模式及绩效指标。

在接下来的内容中，我们将逐步介绍这些主题。

第1章 开发者关系基本概念

企业开拓市场时,很少思考开发者关系在其中所能起到的作用。事实上,开发者关系至今尚未成为高等或专科教育的一门专业,也没有形成类似开发者关系协会的专业性组织。发展的不成熟表现在开发者关系缺乏准确定义、理论框架、指标体系以及实践指南,更意味着开发者关系在商业领域中不被重视和理解。

或许开发者关系专业化面临的更大挑战是部分高管的误解,因为他们对开发者关系知之甚少。正如人们常说的"一知半解,危害不浅"。有些人误以为开发者关系不过是黑客松、连帽衫和计算机贴纸。事实上,开发者关系的含义远非如此简单。

Developer Relations(开发者关系)常缩写为 DevRel,其含义广泛,涉及开发者营销、开发者布道、开发者技术推广、开发者技术支持、开发者体验、开发者培训、开发者成功、开发者社区运营和开发者关系项目管理等。

开发者关系包括两个方面:
- 在企业外部,向开发者**推广技术产品**;
- 在企业内部,**促进开发者关系项目取得成功**。

我们先澄清几个开发者关系领域的核心概念。这些概念经常被混淆,有些组织也缺乏对其准确的定位,所以有必要在最开始厘清这一概念的核心要义。

开发者关系的核心要素

事实上,以图表形式概括"开发者关系"的要素及其关系是本书写作中非常耗时的一项工作。为了提高这一概念的实践性,我们尝试简化复杂概念,使之易于理解和记忆。

通过抽象的树形图，**开发者关系框架**及其核心要素如图 1-1 所示。

围绕核心要素"**开发者体验**"，存在 3 个主要的实践领域（即图 1-1 中的树枝部分）：

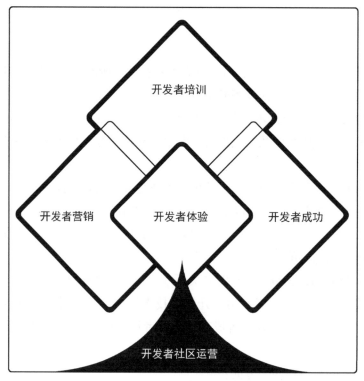

图 1-1　开发者关系框架及其核心要素

- 开发者营销；
- 开发者培训；
- 开发者成功。

最后一个要素是开发者社区运营，用树干和树根表示，为整个开发者关系项目提供养分。

接下来我们将深入探讨这些要素。

开发者体验

开发者体验通常缩写为 DX（Developer Experience），位于树冠的中心，它是任何开发者关系工作的核心。开发者体验和用户体验类似，只是产品的使用者由消费者变成开发者。开发者体验主要源于开发者使用平台技术、开发者中心和开发技术资料的感受。从组织架构上看，由于企业规模不同，开发者体验部门通常与产品部门或首席技术官办公室归属同一部门领导。

开发者营销

开发者营销（developer marketing）指的是为了提高开发者对平台技术和项目的认知度，针对开发者所实施的一系列宣传活动。从组织架构上看，开发者营销部门通常归属于公司的营销部门，经常需要与产品部门和销售部门合作。

开发者培训

开发者培训（developer education）对开发者采用平台技术至关重要。在这个环节，你需要以各种形式向开发者提供全面且详尽的学习资料。

开发者成功

开发者成功（developer success）是指向开发者提供各方面支持，帮助开发者验证平台技术可行性，并最终创造商业价值。从组织架构上看，开发者成功部门的设置因企业而异，可能与产品部门、研发部门、销售部门、技术支持部门或者开发者社区运营部门归属于同一部门领导。

开发者社区运营

正如树木的成长离不开树干和树根，成功的开发者关系项目离不开活跃的开发者社区（community）。整个开发者关系项目的核心目标就是要融入、服务并且培育你的开发者社区。这是成功的关键。没有健康且可持续发展的开发者社区，开发者关系项目很难取得成功。

在接下来的内容中，我们将进一步探讨这些开发者关系要素的含义，以及它们彼此之间的关系。

小结

开发者关系具有多重含义，从实践来看，包括开发者体验、开发者营销、开发者培训和开发者成功。与此同时，一个活跃的开发者社区将为企业的整个开发者关系项目提供生命力。

总的来说：

开发者关系就是让开发者成功地使用你的平台技术和产品，从而实现你的企业目标。

接下来，我们将探讨影响开发者关系的具体要素有哪些，以及它在组织架构中处于什么位置。

第 2 章 开发者关系的定位

在本章中,我们将进一步考察开发者关系在组织中所扮演的角色、影响因素以及它对企业的重要作用。

在大型组织中,权责不清的问题时常出现,开发者关系同样如此。对外行人来说,开发者关系部门的活动似乎与企业内部其他部门相重合。在本章中,我们将介绍开发者关系部门的主要职能、汇报结构以及其作为信息中枢的重要角色。

开发者关系部门职责

产品部门通常将关注点放在消费者需求上,以提供出色的产品体验为目标。一般而言,从产品走进市场的那一刻开始就意味着产品部门的使命已经达成。但开发者关系并非如此。

研发部门通常对市场营销毫无兴趣,更不会觉得市场营销和开发者有何关系。他们认为,只要产品具备足够的竞争力,能够不断推陈出新,企业就会成功。但毫无疑问,开发者关系活动的背后涉及许多商业行为,仅仅关注产品是远远不够的。

市场营销部门通常认为开发者关系和传统的 B2B(Business-to-Business,企业对企业)/B2C(Business-to-Consumer,企业对消费者)营销部门活动非常类似。他们认为,传统的**市场营销方法**同样适用于开发者关系。但实际上,开发者是一类特殊的消费者群体,需要用全新的视角去了解。

社区运营部门通常认为开发者关系的工作与社区管理极为类似,都是帮助对方解决问题,发挥他们的创造性,而不是让他们觉得自己是一个需要达成的业绩指标。值得注意的是,任何一家企业都需要摆脱狭隘的盈利思维,与(潜在)客户进行直接友好的交流,推广精彩的客户案例以及他们对社区的贡献。

接下来,我们对比面向消费者和面向开发者的市场营销模式,了解两者价值创造的不同之处。正是这些差异决定了开发者关系的运营管理方式。

开发者关系与企业其他部门的职能既相似，又有其独特之处。首先，开发者关系的工作内容与传统的销售、市场和研发部门存在较大差异；其次，开发者关系的目标客户区别于 ISV（Independent Software Vendor，独立软件供应商）；最后，由于商业模式的不同，开发者关系的社区互动也有其自身微妙的特点。我们将在本书第二部分中深入探讨这些差异。

开发者关系的汇报结构

研究显示，开发者关系在不同企业内的汇报结构存在显著差异。背后的原因有两点：一是开发者关系发展不成熟；二是开发者关系的职能与企业内其他部门的职能相重合。

《2020 年开发者关系报告》(*State of Developer Relations Report 2020*) 展示了目前开发者关系的汇报结构，如图 2-1 所示。可以看出，开发者关系在大多数企业汇报给营销部门，其次是首席技术官办公室和研发部门。不过，营销部门真的领导开发者关系吗？当我们把汇报给研发部门和产品部门的开发者关系情况进行汇总时就会发现，实际上，开发者关系部门主要汇报给技术部门（如产品部门、研发部门），而不是营销部门。

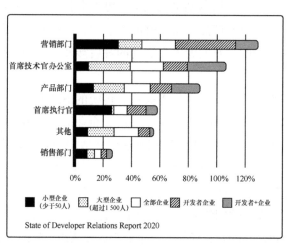

图 2-1　按照企业规模和部门划分的开发者关系汇报结构

事实上，开发者关系的汇报线没有统一的标准。企业类型或者产品/公司的发展阶段都会对开发者关系的职能偏向产生影响。

或许更重要的是了解企业各个职能对开发者关系业务的战略、决策以及部门合作所产生的影响。

部门影响力雷达图

你很可能认为，企业内其他部门对开发者关系项目的影响极为类似。但情况远非如此。部门影响力雷达图将帮助你更加清晰地对这个问题做出判断。当你理解了企业的业务总体目标后，这张图将有助于你思考开发者关系对完成企业目标的作用。

工作原理

你可以邀请开发者团队内部成员或者你的利益相关者一起完成绘制，帮助你识别项目运行过程中潜在的偏见、错位和冲突，找到能够与你一起合作完成任务的部门。询问每一位练习的参与者：你觉得企业各个部门对开发者关系项目的影响如何？将他们的得分加总，结果如图2-2所示。

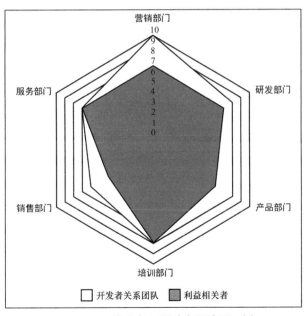

图2-2 开发者部门影响力雷达图示例

使用方法

我们强烈建议你在开发者关系项目的启动会上开展这个练习。同时,由于其他部门的战略、对开发者关系的态度和影响力在不断变化,因此你需要定期重复这个练习,以确保影响力雷达图的有效性。

开发者关系——企业的信息枢纽

开发者关系所扮演的另一个重要角色是企业和社区开发者之间的信息枢纽。开发者社区由多个主体构成,包括意见领袖、潜在客户、活跃客户、合作伙伴和媒体。图 2-3 展示了开发者关系的重要工作内容——促进多个主体之间的信息流通。

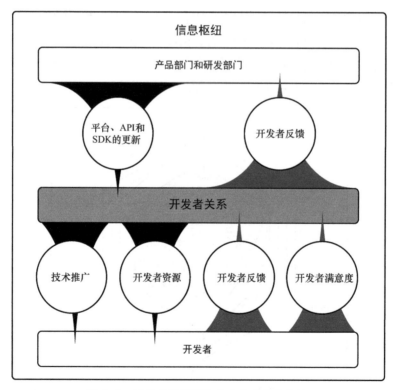

图 2-3 开发者关系部门在企业内的信息流

Mary Thengvall 曾在她的书中引用 Ewan Davis 的一句话：

"在社区，我代表公司；

在公司，我代表社区；

我必须时刻兼顾双方的利益。"

正因如此，开发者关系从业者必须擅长跨团队的沟通和协作。当然，开发者关系团队的工作效率不仅取决于团队的专业性，也受所处企业的组织结构和汇报线的影响。另外，开发者关系的影响力和声誉也会影响开发者关系团队所获得的关注度、在企业内的优先级和取得成果的天花板。因此，我们认为开发者关系应该直接向公司最高管理层汇报。

如果你并不确定自己是否应该继续阅读本书，或者说你不确定自己是否在开发者关系领域工作，可以通过一个小测试帮助你判断，如图 2-4 所示。

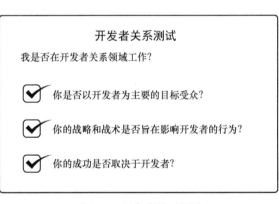

图 2-4　开发者关系测试

回顾你的答案。

你是否以开发者为主要的目标受众？

"主要"在这里是必不可少的。你的目标客户必须以开发者为主。当然，在进行开发者关系市场活动时，你还会遇到其他客户，比如控制或影响购买的非技术决策者。但开发者才是你的核心关注对象。

你的战略和战术是否旨在影响开发者的行为？

面向开发者推广技术产品，一厢情愿远远不够。世界上有数百家和你一样面向开发者提供大量平台技术的公司。因此，相比于和其他企业竞争，你更重要的工作是既包括说服开发者采用你的技术，比如通过技术演示、开发等活动支持开发者，还包括帮助他们加速研发并优化新产品。同样，提供良好的开发者体验，帮助开发者消除各个阶段所面临的阻力对项目的成功至关重要。事实上，这一点不容忽视。只有真正理解开发者关系下企业的创新和技术开发流程，才能将其与传统职能区分。

你的成功是否取决于开发者？

对开发者关系项目成功的衡量必须基于开发者的反馈，否则项目将出现严重错位。目前，仍有一些企业试图用其他部门的指标来衡量开发者关系项目，这对开发者关系项目而言只能意味着失败，因为开发者关系项目永远也无法完成这些指标。

如果你对这 3 个问题的选择是"是"，那么你很可能是开发者关系的一部分。这本书将带领你了解开发者关系项目的各种战略和战术，帮助你实现公司和项目目标的一致性。

小结

开发者关系的角色是复杂的，同样，在企业中也并不存在固定的汇报结构。但是，研究数据告诉我们，开发者关系通常与市场部门、研发部门、产品部门紧密相连。同样，开发者关系也是企业对外重要的信息枢纽，具有重要意义，需要由公司最高管理层直接负责。

正是由于开发者关系项目及其职能的复杂性，部门影响力雷达图将帮助你更加清晰地识别开发者关系项目的关键影响部门。同样，如果你并不确定自己是否是开发者关系的一部分，试着回答我们提出的 3 个问题！

这时，你可能会产生疑问：如果开发者关系的角色如此复杂，我们该如何开展开发者关系的工作呢？别急！在第 3 章中，我们将详细为你介绍开发者关系的演变历程以及为什么它变得越来越重要。

第3章　开发者关系的起源和开发者职业的兴起

开发者关系项目的设立旨在协调、组织开发者群体的行为，它的出现比互联网还要早。但很少有人知道，开发者对企业来说也是重要的商业机遇。

开发者"淘金热"现象的出现更印证了此种说法。由于人们纷纷将目光和资金投入开发者领域，市场上出现了大量围绕开发者的产品、工具，以及相应的开发者管理和营销项目。企业级数据库公司 Crunchbase 的调查显示，超过 1 200 家提供开发者 API 的企业在过去获得了超过 4 600 亿元的风险融资，其中 13% 的企业已被收购，"开发者经济"可见一斑。

在本章中，我们将回到开发者关系的源头——20 世纪 80 年代的苹果公司。回顾过去 20 多年来开发者关系发展背后的六大因素，探讨"开发者经济"繁荣背后的历史。

苹果公司不是一天"炼成"的

1982 年，苹果公司 Macintosh 业务线主管 Mike Murray 在公司内部正式设立了全世界最早的"开发者关系"和"技术布道"部门，并在 20 世纪 80 年代末 90 年代初最先尝试开展开发者关系项目。

1990 年，苹果公司首席布道师 Guy Kawasaki 出版畅销书 *The Macintosh Way*。这本书极大地推动了开发者关系的发展，其中提到的许多概念和理论方法至今仍在使用。例如下面这些。

- 行业术语，例如"技术布道""传播技术"，又或是常见的理念，如"让世界更美好""赢得人心"。
- 方法技巧，例如培育开发者社区（最早被称为用户组），用技术演示以展示产品优势。

- 激励员工直接和用户接触以解决问题。
- 用细微的善意展现对客户的感激，如手写的感谢信。
- 争取领导支持，为开发者关系项目提供保护。
- 目光长远，不断吸收精彩的想法和建议。
- 以新人姿态向行业格局发起挑战。彼时，苹果公司不断强调自身行业新人的定位，向 IBM 公司和微软公司发起冲击，打破垄断，塑造了以弱胜强的经典形象，在大众心中留下了深刻印象，为自己的 Macintosh 业务赢得了舆论和宣传效果。

20 年来，这些概念和方法经久不衰，仍将持续推动开发者关系的发展。

从 20 世纪 80 年代中期到 90 年代初期，许多科技企业相继设立了开发者业务部门，例如，当时微软公司和英特尔公司就曾向开发者业务投入大量资源。1999 年，Salesforce 公司为开发者提供了第一个 API 和免费的试用版本；2000 年，思科公司和 eBay 公司启动了它们的第一个开发者关系项目。此后追随者络绎不绝。获取更多信息可观看 Brandon West 的 History of Modern Developer Relations 演讲。

开发者的兴起

你可能会产生疑问：为什么开发者变得如此流行？

如图 3-1 所示，开发者的兴起背后存在 6 个因素，它们共同推动了开发者业务在 20 年间从理念到商业应用的转变。这些因素也是技术创新的绝佳例证，更印证了硅谷著名风险投资人 Marc Andreessen 所说的"软件正在吞噬世界"（Software is eating the world）。下面，我们将深入探讨这六大因素。

技术赋能

从 1995 年到 2005 年，技术发展帮助开发者将想法变为现实。21 世纪初，Web 浏览器、HTML、HTTP 以及 FTP 等互联网技术得到快速发展。与此同时，Python（1991 年）、JavaScript（1995 年）、Ruby（1995 年）、Ruby on Rails（2005 年）、Go（2009 年）以及 Swift（2014 年）等现代编程语言如雨后春笋般出现，并迅速流行。网络接入速度越来越快，成本却不断降低。移动网络不断更新换代，从 2G 变成 5G。与此同时，全新的设备形态应运而生。2007 年 iPhone 等智能手机初入市场，2010 年 iPad 发布，而如今，可穿戴设备和混合现实头戴显示设备正在走进大众生活。

2006 年，AWS 发布划时代的云计算产品，云计算成本迅速下降。成本的降低和技术的发展推动着互联网基础设施建设的完善，使得快速便捷的数据交换成为现实，促进了互联网实时服务、应用分发以及在线交易业务的兴起，推动 API 的广泛应用。

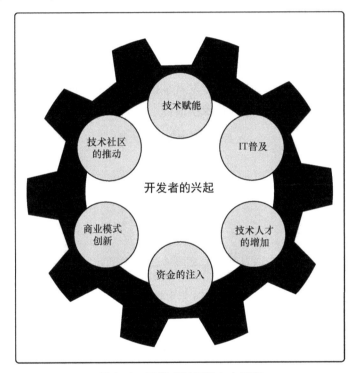

图 3-1　开发者兴起的六大因素

IT 普及

20 世纪 90 年代，IT 基础设施价格昂贵，企业想要采购类似设备，通常需要经过层层审批。而作为企业的开发工程师，更是难以获得相应的软件和开发工具。为了解决这个问题，企业内的开发者团队通常将需求以 RFI（Request for Information，信息请求）和 RFP（Request for Proposal，征求建议书）的形式提交给供应商，随后花费大量的时间和精力比较并评估各个供应商的解决方案，再做决定。

到 21 世纪初，SaaS（Software as a Service，软件即服务）的出现颠覆了传统的软件商业模式，彻底改变了企业购买和使用技术的方式。一方面，无须花费上千美元或签订复杂冗长的长期合同，企业就可以获得先进的 IT；另一方面，个人开发者也可以随时随地购买软件服务。一夜之间，个体开发者不再需要企业 IT 和采购部门的同意，可以直接获得他们需要的开发工具。

技术人才的增加

如图 3-2 所示（其中 Q1 表示第一季度，依此类推），随着编程语言的简化、开发框架的普及以及技术人才需求的增加，开发者数量迅速上涨。同时，网络协议逐渐标准化，这意味着开发者掌握的技术和技能将更加通用，相应的技术培训不再受制于特定的技术供应商。

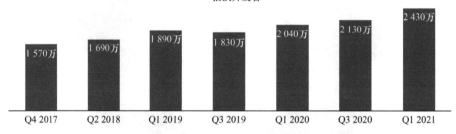

图 3-2　2017—2021 年全球开发者群体增长量

掌握 IT 意味着抓住时代机遇，因此各所大学也将更多资源投入到 STEM（科学、技术、工程、数学）学科的建设上，在向社会输送技术人才的同时提高了大众对计算机技术和软件工程的重视程度。

资金的注入

前面内容提到，互联网基础设施和劳动力成本逐年下降，这进一步降低了互联网企业的创业门槛，资本具备了更多发挥作用的空间。较低的创业成本加上互联网发展的红利，吸引了众多投资者的目光，越来越多的互联网创业公司获得融资。互联网企业的增加意味着对开发者需求的增大，技术人才数量随之上涨。

众多互联网创业公司的出现创造了一个新的群体——"技术型创始人"。他们对开发者关系项目的发展至关重要。技术型创始人在进行商业决策时，往往更重视创新，也不用过分担心新技术与已有系统的兼容或预算问题。

商业模式创新

随着 IT 的普及，市场上出现了众多全新的商业模式，为开发者们带来新的机遇：

- 作为买家，开发者能够更便捷、高效地获得开发工具和技术服务；
- 作为卖家，开发者能够更灵活、有效地推销自己的产品和服务。

商业模式的发展为开发者提供了灵活的支付方式，如免费试用、即买即用、自助或贷款等形式。无论是大型企业还是创业公司的开发者都能购买到最新的互联网技术和服务。

当开发者成为 IT 产品的买方，围绕开发者的市场营销和售后服务相应出现。

当开发者成为 IT 产品的卖方，商业模式的创新同样发挥了重要作用。相比于搭建自己的平台（如网站或 API 等）以吸引流量，开发者还能通过应用商店触达数以百万计的消费者，从而大大降低营销成本。以 Dropbox、Evernote、Box 及 Trello 为代表的商业应用在各家企业中得到广泛传播和使用，这些应用背后的创业公司也逐渐成为自身领域内的领头羊。

技术社区的推动

技术社区因素是前面五大因素的催化剂。在 TechCrunch 和 Hacker News 等科技媒体宣传下，技术社区走向大众。在社区中，人们能够更快地了解技术趋势，搜集科技创业公司的相关信息，积极参与开发工具和技术的学习与交流。

这一时期，Stack Overflow 和 GitHub 之类的社区论坛开始兴起，开发者在其中交流经验，成为社区的主要参与者。如果一个开发者能在社区中成为意见领袖，不仅能推动其所在行业的发展，也能为他的职业道路创造更多机遇。

参与、赞助社区论坛，或是在社区组织的线下会议上展示和发声，已经成为开发者关系开拓市场过程中的重要工作内容。

API 的兴起

API 的兴起可以归因于之前提到的三大因素——技术发展、IT 普及和商业模式创新。由于 API 对开发者关系影响深远，因此有必要对 API 进行深入了解。

20 世纪 90 年代末，面向服务的体系架构（Service-Oriented Architecture，SOA）的出现对软件设计的发展产生巨大影响，原先复杂僵化的软件系统被分解为一块块具备不同功能的软件构件，便于开发者进行模块化重构。SOA 为微服务和现代浏览器 API 的出现奠定了基础。相比于传统的 REST 和 JSON 技术，现代浏览器 API 的优势在于其采用云+端部署的方式，更加轻便易用。想要深入了解 API 的历史，请参考 Joshua Bloch 的视频 *A Brief, Opinionated History of the API*。

2000 年，开发者关系的发展迎来了转折点。此前，开发者研发的产品技术只为公司内部所用，但在 2000 年之后，越来越多的开发者将他们的产品技术共享至云端，分享给公司外的开发者。eBay 公司、亚马逊公司和 Salesforce 公司就是其中的先行者。

2005 年，API 聚合网站 ProgrammableWeb 对"API 经济"开始了最早的记录和研究，并发布了第一个包含 40 个 API 数据的 API 目录，如图 3-3 所示。15 年后，这一目录的容量扩展到 24 000 个。值得注意的是，这 24 145 个 API 并不都是活跃的。

像其他新兴产业一样，API 产业同样经历了高速增长，但头部企业名单却变化不大。如图 3-4 所示，在 10 家最受欢迎的 API 企业中，7 家企业一直在名单之内，保持着自身强有力的品牌影响力和价值。2019 年，ProgrammableWeb 调查显示，在过去 4 年内，API 产业仍然以每年 30% 的速度增长，是推动现代技术发展的重要力量。API 企业的成功完全建立在开发者对他们的产品或技术的使用率和交易率上。技术产品的高使用黏性和高使用量对 API 企业至关重要，如何实现这两点是开发者关系的重要任务。

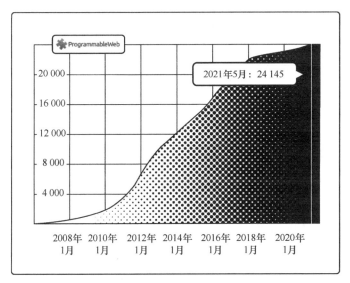

图 3-3　2005 年以来网络 API 增长量

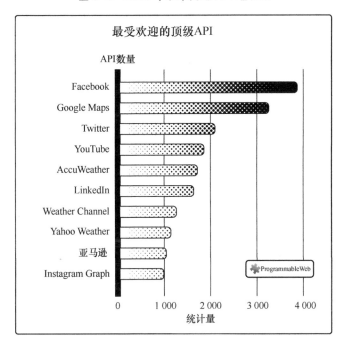

图 3-4　前十大 API 企业

有趣的是，这些企业作为 API 产业的领导者，它们的核心业务并不是 API 或开发者关系，比如在线购物网站 eBay、广告平台 Facebook、电子商务网站亚马逊和在线视频网站 YouTube。但是，它们意识到 API 业务或开发者关系对自己的核心业务的成长至关重要。我们将这类业务形态的公司定义为"开发者+企业"，在第 7 章中，我们将进一步阐述。

随着 API 产业的进一步发展，还出现了专门以 API 业务为核心的企业，它们只服务于单一客户——开发者。我们将这类企业称为"开发者企业"。第 7 章将详细阐述这类企业。

令人难以置信的是，作为开发者企业的代表，2008 年就已成立的云通信公司 Twilio 仍然在为它的早期融资焦头烂额，因为风险投资不相信开发者会为该企业的技术产品买单。

Twilio 公司创始人兼首席执行官 Jeff Lawson 认为，就职于各大公司和创业公司的开发者已经成为公司购买技术产品决策过程中的重要参与者。这样的观点让越来越多的公司开始设立开发者关系或开发者营销项目，以向这些开发者推介他们的技术产品和服务。

持续发展的开发者

正如 Robert Tercek 所说的"软件正在重新定义社会"。传统的报纸、音乐等产品被软件所带来的全新的商业模式颠覆，呈现新型的产品形态。如今，全世界每天增加 2.5 万亿字节的数据，而这一数字仍在持续上涨。如今我们处在"工业 4.0"的初始阶段，数以亿计的用户、应用和传感器正在逐步实现互联互通。与此同时，创新的步伐不断加快，为大大小小的公司创造着新的机遇，如物联网、大数据、人工智能、机器学习、边缘计算、混合现实（增强现实和虚拟现实的合称）、机器人和电子竞技等技术。

代码是创新的载体，各色各样的创新项目背后意味着大量的代码。一辆保时捷帕拉梅拉轿车需要上亿行代码，一台核磁共振扫描仪需要 700 万行代码，一台联合收割机需要超过 500 万行代码，一台起重机需要 40 个传感器和 300 万行代码，一台输液泵需要超过 20 万行代码。软件开发需求的增加改变着当代企业的人员结构。举例来说，耐克作为一个运动品牌，旗下从事软件开发的程序员甚至比运动鞋的设计师还多。

开发者的上述历史对我们有如下启示。一切机遇的背后都离不开开发者的努力。而开发者的创新离不开开发工具和平台支持，这些技术需要专业的开发者关系团队在市场上向企业传递它们的商业价值。

小结

在过去的 40 年间，六大因素为开发者的兴起创造了良好的发展条件，"科技"成为我们当今经济中至关重要的生产要素，造就了谷歌、Facebook、Twitter、Airbnb、Uber、特斯拉等家喻户晓的企业。

在这个过程中，开发者成为技术产品的关键，他们既影响了技术的发展，也是技术产品的购买者和创造者。于是，开发者成为重要市场客户，针对他们的营销活动也变得必不可少，这一切都推动着开发者关系的发展。

开发者是创新的源泉。

将创意变为现实，开发者需要开发工具和平台支持。

开发工具和平台支持离不开开发者关系。

开发者关系起源于苹果公司 Macintosh 业务的市场营销团队，但随着开发者关系的发展，它的作用被进一步拓展，包括为开发者提供开发工具和技术资料以及介绍技术产品的定位等。

在第 4 章中，我们将探讨"开发者经济"的价值和内涵。

第 4 章　开发者经济的价值

如今,越来越多的公司意识到开发者所带来的巨大市场价值,把开发者关系放在企业战略优先的地位。然而,开发者经济的价值很难被准确估量,因为这既包括开发者购买、使用的产品价值,也牵涉到在开发者影响下的额外投入。这也是开发者关系发展相对不成熟的表现。在本章中,我们将进一步深入研究开发者关系背后的市场价值,以及开发者对企业业务的重要作用。

相关数据

2020 年 8 月,戴尔技术资本总经理 Tyler Jewell 发布了一项令人耳目一新的研究。这项研究始于 2009 年,覆盖了超过 1 000 家公司,这些公司的产品大多以开发者为主要客户,或受到开发者消费决策的影响。

如图 4-1 所示,Tyler 研究发现,开发者经济的市场价值达到 400 亿美元(1 美元约 6.7 元人民币),年回报率(Annual Rate of Return, ARR)为 19%。

研究数据充分展现了开发者经济背后巨大的市场价值,更意味着企业需要合适的开发者战略,开展专业的开发者关系项目,以确保抓住机遇。

但是,由于 Tyler 的研究主要涵盖的是具备成熟商业模式的开发软件产品,因此研究结果没能计算出开发者经济全部的市场价值。

举例来说,Jewell 的研究并不包括"市场生态"这类创造隐含价值的场景。该场景普遍存在于高通等平台公司,主要通过开发者关系项目不断丰富自身产品线,提升平台竞争力,而不直接向开发者收费。以谷歌公司为例,与其收费的 API 和云服务业务不同,谷歌公司通过向开发者提供免费的 Android 操作系统开发接口,构建了世界上最大的移动生态系统,收获了巨大生态价值。同样,Tyler 的研究数据纳入 Twilio 公司的 API 业务,但不包括其竞争对手 Infobip,因为 Infobip 提供的开发接口主要服务于公司客户。

该研究同样未纳入苹果公司、三星公司等这些以硬件为核心的公司的开发者业务。自 2008 年苹果公司的 App Store 发布以来，苹果公司已为开发者创收将近 1 550 亿美元，相应的留存收益约 660 亿美元，利润可观。

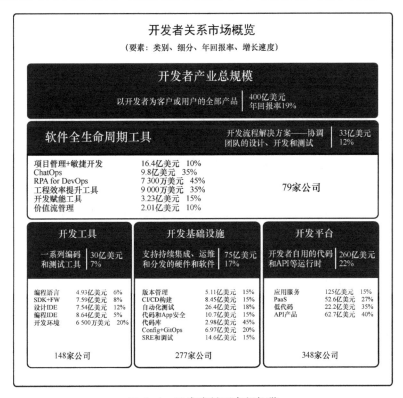

图 4-1 开发者关系市场概览

除企业视角以外，其他指标同样凸显开发者经济的活力和重要性。第 3 章曾提到，Crunchbase 的研究覆盖了 1 200 家以开发者 API 业务为核心的公司，而这只是开发者经济的一小部分。从宏观层面上看，商业软件联盟的数据显示，软件业务对美国 GDP 的贡献达到令人震惊的 1.6 万亿美元。

事实上，由于许多数据并不公开，因此想要准确计算出开发者经济的全部价值是极为困难的。2020 年福特公司向研发部门投入 70 亿美元，但却并没有披露研发收入中有多少来自软件开发项目。

我们正在寻求更多的支持，以期用更多数据对开发者经济进行量化和研究。我们相信，优质的数据将有助于提高开发者关系在公司管理层的重视程度。

21 世纪初的移动操作系统大战或许能让你更加深刻地体会到开发者业务对公司的重要性，甚至对整个行业产生的深远影响。

案例研究：应用商店的发展

21 世纪初，移动通信产业经历了重大转变。此前，人们享受的移动业务由移动运营商提供，但应用商店模式的出现颠覆了这一现状。转变的过程并不是一帆风顺的，移动运营商为了维护自己的市场地位，采取各种措施以掌控内容和应用业务，垄断相应的收入来源。传统手机制造商如诺基亚、黑莓等公司为了不得罪移动运营商，让渡了这部分业务。然而，这样的妥协非但没有让运营商们更加强大，反而导致了糟糕的用户体验，加速了它们的灭亡。

情况的转变发生在 2007 年，这一年苹果公司正式进入移动通信领域。苹果公司的独特之处在于它是第一家"懂软件"的手机制造商。同时，iPhone 的热销也让它有足够的自信尝试构建一套标准化的移动互联网服务。

苹果公司着手建立了 iOS 操作系统，与应用开发者之间构建了全新的合作关系。这一举动为开发者们带来了 1 550 亿美元的收入，也意味着移动运营商彻底失去了市场。

苹果公司所建立的双边市场天然具备一定的优势：一方面，多样且优质的应用为消费者提供了更多的选择空间；另一方面，不断扩大的消费者市场也为应用创造了更多的收入来源，两者相互促进，提高了移动互联网服务的质量。令人唏嘘的是，传统手机制造商和移动运营商在移动应用上的探索比苹果公司早了整整 5 年，他们拥有更多的市场份额，享受着高额利润，但这一切都在苹果公司全新的"与开发者合作"的服务理念下化为乌有。图 4-2 展示了手机产业的教训。

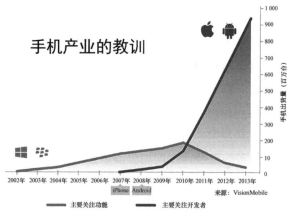

图 4-2　手机产业的教训（由 SlashData 绘制）

开发者经济的其他价值

事实上,开发者业务的价值不止于此。

图 4-3 显示了企业投资开发者业务能够获得的其他好处——来自 Rakuten RapidAPI 公司总裁 Jed Ng 在伦敦 APIDays 分享的 API 价值创造模型。

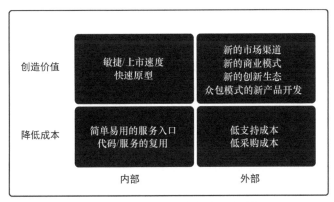

图 4-3　企业投资开发者关系的动机

接下来,我们将进一步阐述开发者关系的其他价值。

创造外部价值

企业投资开发者关系能够降本增效。通过与开发者合作,"开发者+企业"不仅能够获得良好的宣传机会,甚至构建全新的商业模式。比如,在研发新的技术产品时,开发者关系团队能够帮助企业获得外部开发者的建议,为研发工作提供重要参考和反馈;又或者提供应用商店,为自己的产品建设一个全新的生态系统。

降低外部成本

为开发者建立一个自助的服务渠道能够降低企业的销售成本,这样一来开发者将不用与企业内部的员工直接交流。同样,拥有一个企业自身的技术社区(可以是自己建立的网站,也可以是在 Stack Overflow 上)同样可以降低产品投入。更多的证据显示,开发者更愿意通过企业的产品说明书或者网站搜索的方式解决遇到的技术问题,而不是直接寻求企业的帮助。

创造内部价值

开发者关系在为广大开发者服务的过程中，也能为内部产品和工程团队提供具有借鉴意义的方法、工具和资源。这不仅能够提高内部工程团队的效率，而且有助于缩短企业技术产品的开发周期。

降低内部成本

服务外部开发者所积累的经验还能降低企业研发成本，提高资源和服务的复用率，并通过微服务和 API 技术简化对云服务的调用。

小结

本章通过 Tyler 的研究发现，开发者经济的市场价值至少达到 400 亿美元，并以每年 19%的速度不断增长。为什么说"至少"？因为研究本身并不包括诸如苹果公司等硬件公司的开发者业务收入，同时，许多公司由于没有正式的开发者关系团队，或其开发者关系项目不直接创造收益，相应的数据也并未纳入其中。除此之外，本章还介绍了衡量开发者经济价值的其他视角。我们还通过案例了解到开发者关系团队如何帮助企业打败竞争对手，实现成功。

第一部分详细阐述了与开发者关系相关的主要概念及其重要性。在第二部分中，我们将进一步探讨开发者关系的独特之处。

第二部分 开发者关系的独特之处

读完第一部分，你应该已经了解了什么是"开发者关系"及"开发者关系框架"的五大组成部分——开发者营销、开发者体验、开发者培训、开发者成功和开发者社区。更重要的是，你可以从中领会到开发者所带来的经济价值，以及如何利用开发者关系帮助企业实现这一价值。

你可能认为制定开发者战略不过是在营销活动中附上一些以开发者为中心的信息，或是雇佣技术布道师来为开发者提供答疑支持。但事实远非如此，一个成功的开发者关系需要的远不止于此。

在第二部分中，我们将看到开发者关系的独特之处，并基于这类特点，探讨如何调整开发者关系的战略和战术。

开发者关系的特点包括：

- 以开发者为目标受众，开发者成为是否购买技术产品的决策者；
- 企业以开发者关系是否为其主要业务，分为开发者企业和开发者+企业；
- "企业对开发者"（Business-to-Developer，B2D）的商业模式；
- 多样的技术产品类型。

第 5 章　目标受众：开发者

开发者关系的目标受众是开发者关系特点的重要组成部分。你的挑战就在于要如何为你的开发者关系项目找到正确的目标人群，并且在开发者旅程中持续强化和他们的关系。你和你的团队不仅要成为各自领域的专家，而且要具备对开发者的了解和欣赏能力，唯有如此才能取得成功。

在本章中，我们将探讨开发者人数，审视开发者的典型特征，从而为你的开发者战略和活动提供参考。

开发者市场规模

"市场上有多少开发者呢？"对于那些想了解开发者社区、市场规模或者寻求投资的人来说，这是一个常见问题。

正如我们在第 3 章和第 4 章所说的，随着软件、SaaS、API 等其他新兴技术的发展，全球开发者人群也在不断扩大。

你可以借助如下几个网站初步判断开发者市场的规模，它们的统计口径和方法各有不同。

- **SlashData** 估计截至 2021 年第三季度，全球约有 2 430 万名活跃的软件开发者，其中专业软件开发者达到 1 530 万名。
- **EDC**（Evans Data）估计 2019 年全年全世界共有 2 390 万名软件开发者，与 2006 年估计的 1 200 万名相比，几乎翻了一番。
- **Stack Overflow** 估计每月共有 2 000 万~2 500 万名开发者访问他们的网站，这一数字包括了专业的开发者和大学生。
- **Statistica** 估计 2019 年全年软件开发者数量达到 2 390 万。

目前，"开发者"并没有一个清晰明确的定义。因此，很多针对开发者数量的估算并不准确。许多数据显示，全球开发者人数约为 2 000 万至 2 500 万，但这一数字很可能被低估了。

除纯粹的"软件开发者"或"软件工程师"以外，还有各种不同的职业也被纳入了这一统计范围中。随着低代码/无代码的兴起，越来越多的人在他们的角色或项目中使用某些类型的开发产品，因此他们现在也成为开发者关系项目的目标人群。在这之前，很多人都不被认为是严格意义上的"开发者"。

"开发者"还可以包含产品经理、项目经理、硬件开发者和嵌入式开发者、游戏和 VR（虚拟现实）艺术家、UX（用户体验）设计师、DevOps 和 MLOps、数据科学家，以及机器学习工程师，以上只是举几个例子。Stack Overflow 对开发者的定义最为宽广，这也许能解释为什么他们对开发者人数的统计是最多的。

同时，我们也需要认识到，从人口统计学的角度来观察，开发者代表了一个非常多样化的市场。因此，在评估市场规模时过于笼统是不利的，反而可能对开发者关系项目产生反作用。

这里有两个简单的例子。

例 1：用地域来划分。

如图 5-1 所示，北美的开发者人数最多，西欧则紧随其后。但从市场的角度来看，你需要明白欧洲并不是一个单一的市场实体，各国在语言、法律、货币和文化方面存在许多差异。

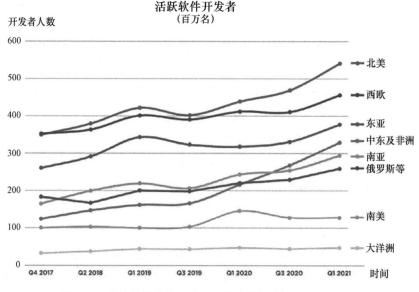

图 5-1　按地域划分的开发者人数（数据来自 SlashData）

例 2：用编程语言来划分。

根据 SlashData 的数据，如果你的产品纯粹是以吸引 Python 开发者来设计的，那么你的市场将从 2 130 万下降到 900 万，减少了约 57%。如果你只想聚焦于专业的 Python 开发者，你的潜在市场会进一步下降到 630 万，减少约 70%。

这些例子告诉我们，需要避免过于宽泛的市场分类，准确的市场定位能够让你在信息传递上更有针对性。

本书第三部分会详细介绍如何进行市场细分，绘制用户画像，以便将目光放在更有价值的潜在开发者身上。

人口统计学和数据是观察与了解开发者的一种方式。然而，你也必须了解开发者的一些一般特征，这样你就能更好地理解他们的多样性、个性以及与他们合作的一些挑战。我们称之为开发者的常识。

开发者的常识

各种研究及传闻都显示出开发者有一些不言而喻的共性特征。如果你想更深入地了解有关内容，我们推荐两本书——Clive Thompson 的 *Coders: The Making of a New Tribe and the Remaking of the World* 和 Twilio 公司首席执行官 Jeff Lawson 的 *Ask Your Developer*。

图 5-2 显示了几个重要的开发者常识。这些常识围绕着开发者的主要动机，也就是创造一些他们引以为傲的东西，激励他们取得成功。

接下来我们将会审视每一个常识，并指出如何在你的开发者关系项目的战略和战术中用上它们。

喜欢事实而非营销

虽然我们不确定是否有什么群体"喜欢"被营销，但开发者肯定不喜欢。这个不争的事实已经被许多针对开发者的失败的营销教训所证实，通常是因为营销人员对这个核心受众和与其产生共鸣的信息类型的整体缺乏了解（如图 5-3 所示）。

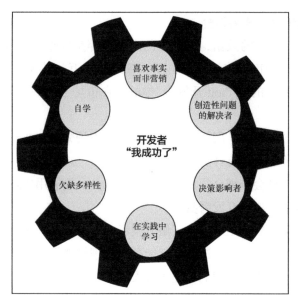

图 5-2 开发者的常识

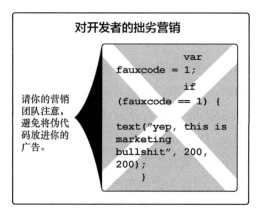

图 5-3 对开发者进行拙劣营销的案例

要尊重传统营销和面向开发者营销之间的差异。因为开发者与普通消费者是不同，你无法在他们身上使用传统的营销方式。语言表达方式至关重要，要避免修饰，并说清楚你的技术产品是什么，能做什么。同时，要善于展示使用案例，才能让你的开发者产品有机会得到认可，取得成功。

—— Anthony Fabbricino

富国银行"开放银行 API"产品负责人

曾在 Adobe、BNY Mellon、AT&T、诺基亚等公司担任开发者关系职务专业开发者大多受过高等教育（79%拥有本科学历或更高学历），通常拥有计算机科学或工程方面的学位。无论是先天特质还是后天教育所致，开发者往往是逻辑性和系统性的思考者，重视效率和优化。他们具有批判性思考，渴望数据，对那些伪装成"他们中的一员"，但并不真正理解他们的人几乎无法容忍。

基于这些理解，你该如何开展开发者关系项目呢？
- 要偏重产品的事实陈述（可在第14章中了解更多）。
- 相较于传统的主流营销，你需要更加技术导向，更加具体。少点花哨，多点干货。
- 在你对外宣传之前，让开发者来审阅你要传递信息的准确性和语气，以避免潜在的问题。可参看图5-3中的对开发者拙劣营销的案例。

创造性问题的解决者

一种观点认为，所有的开发者都是创造的天才，只要他们用心做，随时都能创造出下一家改变世界的公司。的确，开发者喜爱解决问题。同样，显著的创造力的背后是充满各种可能性的想象力，从而创造、实验、构建和突破。

尽管编程的创意是无限的，但并不是所有开发者都能开创下一代新技术。此外，很多开发者在他们聚焦的编程或行业中未必有丰富的经验。

基于这些理解，你该如何开展开发者关系项目呢？
- 将动机、经验、激情和培训有效结合，充分发挥开发者的创造力。
- 想想你能提供什么来吸引开发者对你和你的产品产生想象力与热情。你的重点在于构建成果，而不是举办活动。这意味着开发者可以用你的产品创造些什么。
- 开发者未必都有创造力，更不懂读心术，因此，要帮助他们，通过案例和展示项目等方式描绘出各种行业的可能性。

决策影响者

开发者作为影响者和决策者是一个非常重要的话题。我们将在第6章中专门讨论。

在实践中学习

顾名思义,专业开发者每天都动手搞技术。他们也倾向于在实践中学习。开发者希望快点开始和弄清事情。因为有些开发者喜欢工作到深夜,或者很可能与你的支持团队在不同的时区,他们需要能够在一天中的任何时间迅速找到答案,并自学新东西,而无须直接联系你的公司。

基于这些理解,你该如何开展开发者关系项目呢?

- 通过在文档中提供代码样本、快速入门或入门指南,帮助开发者快速"看到"你的产品运作的方法(第 17 章将有更多介绍)。
- 同行评议、推荐和展示项目将比你所创造的任何营销话术更有说服力。
- 开发者希望成为第一个知道的人,但不一定是第一个尝试的人。要激励早期采用者大胆尝试。并且,要认可那些为他人带路的社区成员——以便他们会继续这样做。
- 提供更多的自助服务选项,如免费注册、无须输入信用卡、用免费额度来鼓励开发者立即进行实验等。

这些方式有助于解释为什么像 Stack Overflow 这样的网站能流行,是因为开发者认为它们大多没有销售和营销信息,可以自己找到各种解决方案。

欠缺多样性

20 世纪 50 年代的首批程序员多为女性。今天,根据大多数调查,男性开发者的比例高达 90%以上。但这种情况正在改变,因为越来越多的国家在性别歧视方面不断努力。

当你深究"开发者"的具体工作时,其内部也存在着一些差异。例如,Stack Overflow 的调查显示,在担任数据科学家或学术研究人员的开发者中,男性比女性多出 10 倍左右。相较之下,担任系统管理员或 DevOps 专家的开发者中,男性比女性多 25~30 倍。女性作为前端开发者、设计师、数据科学家、数据分析师、质量保证工程师或测试工程师、科学家和教育工作者的比例更高。

当然,多样性不仅仅在于性别,还包括文化、种族、宗教、年龄、性取向和残疾差异。

基于这些理解，你该如何开展开发者关系项目呢？

如果你真正重视多样性（而不是为了站在道德制高点），那么你的营销信息、招聘工作和公司文化都要吸引多样化的劳动力，这将为你带来宝贵的优势。

自学

开发者可能比你想象的更缺乏经验，出身正规教育的人才大多也是自学。2020 年 Stack Overflow 开发者调查的数据显示：

- 17%的开发者在过去 5 年里学会了编程，40%在过去 10 年里学会了编程；
- 40%的人专业编程的时间不到 5 年；
- 86.7%的人没有参加正式课程就自学了新的语言、框架或工具。

技术发展得很快。例如，TensorFlow 在 2015 年年底才进入市场，因此期望一个开发者有 10 年的 TensorFlow 编程经验是不合理的。移动应用开发刚兴起时，某些招聘公司重复使用工作描述模板，要求开发者有 10 年的 Android 操作系统开发经验，而当时 Android 操作系统也不过两年的历史！

基于这些理解，你该如何开展开发者关系项目呢？

- 你必须做研究，并根据目标开发者的经验水平设定合理的预期。
- 你需要帮助他们学习，比如通过代码示例、学习资源、GitHub 代码仓、视频教程和工作坊等。
- 提供低成本或无成本的自助服务选项，这样他们就可以在方便的时候自学。

如今成为一名开发者难吗

我们要对开发者有高度的同理心，这对从事开发者关系业务的每个人来说都非常重要。开发并不容易，而且需要时间。今天，大量的公司和产品可供开发者选择。这些公司和产品都在争夺开发者的注意力。随着无代码/低代码平台的出现，大量开发者学习和分享开发知识，开发者的数量也在不断增加。然而，我们相信今天的编程和开发比以往任何时候都更具挑战性。图 5-4 展示了针对开发的难易的比较。

开发在今天更简单，因为：	开发在今天更困难，因为：
• 进入门槛更低——有各种免费的工具和试用	• 更多的编程语言
• 对开发者的认可度越来越高	• 更多的工具带来了更多的噪声和困惑
• 代码抽象化，实现目标所需的代码更少	• 更多的工作竞争
• 工具、工具、工具——大多数工作都有对应的工具	• 经济繁荣或萧条以及供需问题——高薪职位的极端化与离岸外包的威胁
• 有很多线上学习资源	• 领导层不切实际的期望
• 在社区中可获得支持	• 低代码/无代码平台降低技能的含金量
	• 行业内的噪声和错失恐惧症

图 5-4　开发在今天更容易或更困难呢

小结

正如本书开头提到的，开发者关系的目标是使开发者在你的产品中获得成功。因此，当你建立开发者关系项目时，请记住这些提示。

- 将你的期望与你的目标受众的经验和能力相匹配。
- 通过提供基于他们需求的最佳信息和学习经验来管理开发者的期望。
- 点燃他们创造的想象力，排除他们在启动时的阻力以取得成功。
- **开发者被一种主要的情感所驱动：知道并说出"我成功了"的自豪感。一旦你帮助他们创造了有价值的东西，就要尝试和他们一起庆祝成就。**

第6章　开发者作为决策制定者

随着软件和技术行业的发展，开发者的数量在不断增加。开发者在组织中的决策影响力也随之增强。在第3章中，我们讨论到，在商业模式进步的推动下，当前许多开发工具都提供了免费的入门试用或低风险预付方案。如今，开发者可以非常容易地找到、试用和购买新的工具，无须考虑公司内部任何的正规采购流程。

开发者在采用新工具的决策过程中至关重要，许多咨询公司都已经明确证实了这一点。根据开发者媒体的分析，60%的开发者有权决定是否采购一款工具。SlashData也指出，77%的开发者在工具选择方面有发言权。著名风投公司Andreessen Horowitz（又名A16Z）的Peter Levine同声表示："开发者不仅仅是企业内部的影响者，他们现在也是买家。"

不管开发者是不是真正的买家，也不管他们能否带你进入企业级销售的桥头堡，如果不考虑开发者，你就很可能失去可观的销售额。恐怕谁都担当不起这个责任。

本章将探讨作为决策制定者的开发者，以及身为"决策单元"的他们在选择技术产品时所使用的判断标准。

开发者决策单元

开发者营销的关键在于了解目标客户公司内制定采购决策的流程。我们通常以为某名开发者说了句"我想用这个API或IDE"后，决策便形成了，实则不然。公司有不同的规模及形态，因此采购工具或产品的决策过程也随之各异。一旦你了解了决策流程和其中的角色，你就能开始了解客户需求，并调整言行以与之匹配。

谁在决策

这里使用**开发者决策单元**（Developer Decision-Making Unit，DDMU）的概念来帮助大家厘清我们应该关注谁。我们不妨从以下两步开始。

第一步，考虑**开发者所在公司的结构和背景**：该公司是家一人公司、创业公司、小型机构，还是大型企业？

第二步，考虑**你的产品背景**：你的产品会对该公司及其所开发的产品产生多大的影响？它是个人贡献者会选用的工具（例如文本编辑器），还是更具战略性的组件？

考虑到以上步骤，我们可以开始确定 DDMU 的构成，并为决策者的角色命名。DDMU 中的角色包括以下几个。

- **发起者**——在公司内部激发采用某种新技术产品的讨论并触发采购决策流程的人。他可以是通过搜索引擎发现新技术产品的开发者，也可以是负责组织技术产品采购的企业内部采购人员。
- **技术决策者**——技术产品的评估者，主要考虑产品所采用的技术与已有技术的兼容性以及与公司技术战略、安全性、可靠性等方面的匹配程度。这一角色可能是开发团队的技术主管、产品经理、DevOps 人员，或是该公司的首席技术官。
- **商业决策者/预算负责人**——商业价值的评估者，主要负责评估产品价格、商业模式、投资回报，并做出批准采购决定的人。这一角色可以是创业公司的创始团队、首席财务官、专业采购人员，或是高层管理者。
- **影响者**——虽然没有明确的决策权，但可以影响整体决策的人。他通常是亲自试用过你的技术产品的内部开发者，因此他最有资格提供意见。
- **审批人**——拥有最终决策权的人。这可能会因为公司规模及结构的不同而存在差异。

请注意，DDMU 只是一个模型，不同公司的 DDMU 也会存在不同。在某些情况下，同一个人会扮演多个角色；在其他情况下，某些特定角色也可能是不存在的。不过，使用 DDMU 模型的变量来匹配你的情况，有助于你更加了解不同的利益相关者在采购技术产品方面的逻辑和价值观。除此之外，DDMU 常根据实际情况和产品的不同而变化。

所有的变量都取决于你对于目标开发者及其所属组织的了解。我们将在第 12 章中帮助你厘清这个问题。

决策标准

一旦我们了解了是谁在形成决策，即可探索其决定是否购买技术产品的判断标准。决策标准大致可以划分为技术标准和商业标准两类，如表 6-1 和表 6-2 所示。

表 6-1　技术标准

判断标准	可表示为
满足特定需求的特性及功能	它能否做到 X
它与市场其他竞品相比如何	它是否比 Y 更好
技术支持的水平和质量	我能否得到所需的帮助 它是否容易使用 是否有不同级别的支持服务可供购买 是否有服务水平协议（Service Level Agreement，SLA）保障
定制和客户集成	我们可否根据自己的需求进行定制修改 它是昂贵的"一次性"定制修改还是"模块化"的
产品及供应商的可信及稳定	该供应商已存在多久 有哪些客户案例 该产品已上市多久 该产品是否会保持可用并持续更新 是否有新兴的产品或技术可能淘汰该产品
社区	还有哪些人在使用该产品 是否有开源的组件 是否有现存的用户群体基础 该社区有多活跃
兼容性	该产品与我们现有的技术栈如何适配 我的开发团队是否需要进行培训 是否会带来什么风险

续表

判断标准	可表示为
转换成本	我们会有多少技术瓶颈 与现有的内部技能能否匹配
内部的接纳意愿	不愿拥抱变化，或显露出"它不是在这儿发明"的文化
它究竟有多好	别说那些花里胡哨的营销废话，给我干货，证明它好在哪里 让我直接跟你现在的客户聊聊
它是否符合认证要求	它是否满足我们公司所受的认证或监管要求？例如，ISO 标准、财务法规、卫生健康法规等

表 6-2　商业标准

判断标准	可表示为
集成和运行的成本	要多少启动费用和后续运营费用
长期时间/成本的节省	我们用它省下了什么？可以量化吗
额外的收入/利润	我们可以量化货币收益吗
合同条款和条件	条款是否可接受，法务会批准吗
名声	这是一个让我们感到舒适的品牌或技术吗 它的社区规模和活跃度怎么样 社区的氛围是积极的还是消极的
整体投资回报率（Return on Investment，ROI）	结合上述一切情况和判断标准总体来看，我们的好处和投资回报率是什么呢

充分了解各种决策者及对其相应的不同重点之后，你就可以知道在推广技术产品时向不同角色传递哪些信息了。

向决策者传递他们需要的信息

了解决策者和决策标准后，你就可以基于这些信息选择你的产品推广、举办开发者活动和提供培训资源的方式，以尽可能地匹配决策者的兴趣点和关注点。

- 谁对我们的产品有需求？我们的技术产品对谁有益？是程序员、负责变现的产品经理，还是其他角色？你需要向 DDMU 提供清晰的技术和商业案例，并根据其具体情况和背景来调整推广策略。你可以直接向客户演示和提供产品资料、白皮书、分析师研究报告等参考资料，或展示案例研究和示例程序等来帮助决策者做出决定。

- **谁使用我们的产品？** 他可能是个程序员、一个质量保证专家、DevOps 工程师、数据分析师、客户支持人员、集成专家等。面向这类群体，要强调使用你的技术产品是件非常容易的事情。你可以通过文档、论坛、快速入门指南和示例代码来展示技术的使用方式，也可提供线下支持，例如举办一场内部的黑客松（hackathon），让公司的开发者亲身体验产品和技术。
- **谁是最终的决策者？** 是开发者、团队经理，还是首席技术官？你需要让他们看到商业和技术案例的成果，以说明为何选择你的技术以及如何使用你的技术创造更大价值。比较有说服力的是其他客户的推荐、案例研究、成本效益分析，以及量化的投资回报率。

预先完成这项摸底工作，并且对可预期的问题准备好答案，才能牵引客户试用你的产品，拿到订单。你可以通过双管齐下的方式以把握新的营销机会：在开发者关系团队与客户的开发者/技术团队建立关系的同时，你的销售团队也在不断尝试说服对方的关键决策者采用你的技术产品。

无论面向的是技术类还是商业类的听众，都应该有针对性地调整我们的语言和资源。只有优秀的销售工程师才能在这些界线交会且模糊不清的迷雾中抵达前沿的彼岸。销售工程师在商业和技术方面的融会贯通是闭环销售机会的关键一步。

我们将会在后面的章节中进一步深入探讨。

小结

在推广开发者产品的过程中，开发者是重要的决策者。若忽视这个事实，恐怕会危及你的技术产品业务。了解开发者决策单位（DDMU）并为其做好准备，对你的开发者关系项目来说，无论是战略还是战术方面的决策，都是非常有帮助的。

第7章 开发者企业和开发者+企业——开发者关系企业的分类

在深入研究开发者关系商业模式的细微差别之前，我们认为应该用一章的内容对已经向开发者关系业务投入资源的组织进行分类和量化。

组织类型

作为一名开发者关系专业人员，你需要清晰了解自己所处的组织类型，因为组织背后涉及众多需要考虑的因素。有些因素是显而易见的，有些则并不明显。组织因素包括身份、目的、优先级和文化等。商业因素包括商业模式和公司提供的定价类型，我们将在第8章中对此详细讨论。这些因素最终会导致你的项目成功或者失败，并影响你的开发者关系战略和开发者营销活动。

我们定义了两类运作开发者关系项目的组织：
- 开发者企业；
- 开发者+企业。

开发者企业

开发者企业旨在为开发者设计并销售技术产品。这个产品可能是开发者用来创建应用的平台，也可能是API，以作为其应用的组件。无论如何，开发者企业将开发者视为其主要客户。

因此，开发者企业的市场战略旨在采取自下而上的方法，不仅将开发者视为其产品的主要用户，而且将其视为产品购买过程中的主要决策者。

我们还记得在 2000 年年末，投资人最初不愿意为提供开发者产品的公司提供资金。正如第3章所提到的，直到 Twilio 公司开辟了一条道路，以开发者为中心的业务模式才被认为是一种可行的独立商业模式。

开发者企业的例子如下。
- **API**：Twilio、Stripe。
- **数据库**：MongoDB。
- **HDK**：Arduino。
- **工具及平台**：PerceptiLabs、Splunk、Unity。
- **服务**：GitHub、Stack Overflow。

对开发者企业内的开发者关系专业人员来说，他们的处境会更好。因为开发者企业的目标就是为开发者推销技术产品，因此，对于"为什么开发者很重要"这个简单的问题，是不言自明的。

开发者+企业

开发者+企业主要为企业或消费者销售产品或提供服务。此外，他们也有提供给开发者的产品，并认为这在某种程度上会对他们的公司整体战略产生有利影响。

以这种方式扩展公司业务的原因很多，样式也很多。提供开发者产品可以为企业增加新的市场机会，或者便于扩展出更多创新产品，增强现有产品的竞争力。

开发者+企业可以在市场上提供独立的产品/应用，或提供现有产品的附加工具。开发者+企业所提供的技术产品可能产生收入，也可能是完全免费的。

开发者+企业的例子包括高通公司、三星公司和苹果公司等硬件制造商，也包括 Capital One 和桑坦德银行等金融机构。像微软、Salesforce、亚马逊和谷歌这样的大型软件企业可以被视为混合组织。虽然它们最初的商业模式并非以开发者为中心，但他们的公司已经实质上发展出为开发者服务的部分业务，如微软 Azure 云和 Google Cloud。AWS 更是如此，它的开发者产品收入占到亚马逊公司收入的一半以上。

虽然开发者+企业有多种形式和规模，但它们存在的主要原因并不是为开发者服务。福特公司是卖汽车的，AT&T 公司是提供通信服务的，桑坦德银行是提供金融服务的。这些公司自然而然地会根据其核心业务来看待这个世界，并确定开发者关系业务在公司整体的战略优先次序。这可能会给开发者关系领域的专业人员带来一些挑战。我们将在第 10 章中探讨关于企业目标一致性的挑战。

拥有开发者关系业务的公司数量

如图 7-1 所示,《2020 年开发者关系报告》的研究表明,在开发者+企业工作的开发者关系专业人员多于在开发者企业工作的相关人员。

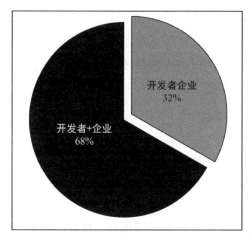

图 7-1　开发者关系专业人员在开发者企业和开发者+企业的比例

目前没有公开的数据显示有多少公司拥有开发者关系项目。我们发起了一个公开的开发者关系项目目录,试图补上这块空白。请查看并添加你所在公司的条目。我们希望它能逐渐发展成为一个有价值的社区资源。该目录设在 DevRelBook 网站上。

由社区认定的市场领导者

评估开发者市场规模的另一种方式是看看与该组织相关的开发者社区规模。SlashData 列出了 22 家拥有超过 100 万名开发者的开发者社区的公司。我们更新了表 7-1 中的名单,并将两类开发者关系企业类型纳入其中。有趣的是,在这 22 家公司中,55%是开发者企业,45%是开发者+企业。

请注意,这里列出的一些组织并没有开展本书所定义的开发者关系项目,它们是面向开发者的服务提供商,而不是为开发者提供技术产品的公司。我们将在第 9 章中详细探讨这些类型。

表 7-1　开发者企业和开发者+企业超过 100 万名开发者的开发者社区规模

组织	社区规模预估（百万名）	开发者企业	开发者+企业
Github	41	√	
苹果公司	20		√
Stack Overflow	16	√	
Bitbucket	10	√	
Hakcerrank	6	√	
Twilio	5	√	
Salesforce	5		√
Celebros	5	√	
J-Frog	5	√	
Digital Ocean	3.5	√	
HackerEarth	2.9	√	
SAP Cloud Platform	2.8		√
Visual Tools	2.6		√
Docker	2	√	
HERE	2		√
Kaggle	2		√
腾讯云	2		√
BrowserStack	2	√	
Mapbox	1.6		√
WeChat Apps	1.5		√
TopCoder	1.4	√	
Google Cloud	1		√

小结

如今，拥有开发者关系的组织被分为两类：一类是开发者企业，其客户主要为开发者；另一类是开发者+企业，其主要客户不是开发者，开发者位于其二级市场下。无论哪种企业都有自己所需面临的挑战，并直接影响到开发者关系业务的运作方式。

第 8 章　商业模式及变现战略——企业对开发者

如果目标受众是第一个差异化因素，开发者关系的第二个主要差异化因素就是商业模式。商业模式是一个组织获取收入的方式。正如我们在第 4 章中看到的，开发者产品的价值可以以产品或服务的交易所得（也就是金钱）来体现，但它也可以通过其他方式实现，如通过成本和时间的降低以及开发者关系团队所建立的社区和培养的关系。

创建一个商业模式要有许多构成组件。如果你需要阅读这个主题，我们建议回顾在创业教育中特别流行的商业模式画布（Business Model Canvas）。

开发者关系的商业模式被称为**企业对开发者**（Business to Developer, B2D）。在本章中，我们将研究 B2D 商业模式的独特性以及它在开发者企业和开发者+企业中的变化形态，特别是价值链中的差异，尤其是价值交换的地方。

这只是原料之一

在 B2D 商业模式中，你并非提供一个解决方案或预制产品。

你永远只是另一个产品的原料之一。

在描述 B2D 商业模式时，经常用乐高公司来比喻。这不是销售成品，而是提供组件或工具。作为输入提供者的你，不必然需要知道开发者可能会做些什么，就像乐高公司无须知道他们在做出塑料积木时你可能会创造什么一样。这是个奇怪的处境，这是因为最终你的成功完全取决于你的客户的创造力和聪明才智，比如他们能否创造出一些未来流行的东西。欢迎来到开放创新的世界！Henry Chesbrough 把这类情况描述为通过共同创造实现业务转型。

当然，其他 B2B 和 B2C 公司在销售组件。然而，它们的营销和销售流程以及价值链是非常不同的，接下来我们将详细探讨。

价值链

首先，我们看一下价值链。价值链描绘了产品到达其最终用户的步骤。

传统的 B2C 或 B2B 商业模式的价值链是这样的：

一个产品（价值）是由组织创造的，通过营销让市场认知到这个产品，也有购买的渠道。一旦从渠道购买了产品（价值交换），可能会有售后支持服务或有社区参与。这时，收银到账叮一响，销售团队就能在他们的相关指标中秀出销售成果了。

B2D 商业模式并不那么直接，它的价值链是这样的：

组织创造了一个组件或一款工具。要通过营销来提升认知，但营销的重点并不是要推销一个成品。它的核心是要激发开发者如何将该组件与其他技术结合起来，以创造或增强不同的产品。开发者关系的首要任务是消除任何会妨碍或延迟开发者使用组件取得成功的阻力。

与传统商业模式相比，B2D 商业模式的价值链还包括：

开发者构建或增强他们的产品，从而创造价值。一旦开发者取得了明显的"成功"，他们的努力就会被开发者关系项目展示出来，并以案例研究和其他材料的形式纳入营销内容，以激励未来的开发者。此外，开发者也能获得持续的支持，以激励开发者创造更多的解决方案或对软件进行更新迭代。

图 8-1 对比了 B2B/B2C 与 B2D 商业模式的价值链差异。

接下来，我们将深入了解这些差异，看看它们如何影响战略和市场规划。

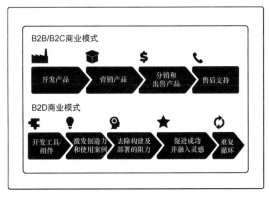

图 8-1　传统模型价值链与开发者关系价值链的对比

B2B、B2C 与 B2D 商业模式

基于图 8-1，我们从销售策略、销售及营销方法、目标、销售周期和价值创造/成功度量等方面来分析 B2B、B2C 和 B2D 商业模式之间的关键差异，如表 8-1 所示。

表 8-1 B2B、B2C 和 B2D 商业模式的差异

依据	B2B 商业模式	B2C 商业模式	B2D 商业模式
销售策略	关系驱动	产品驱动	结果驱动
销售及营销方法	利益及解决方案	特点和愿望	以社区及关系主导的赋能和激发
目标	组织	个人	组织/个人
销售周期	长	短	可长可短
价值创造/成功度量	产品销售	产品销售	新产品所使用的组件

在 B2B 商业模式中，产品要售出，只能靠销售人员向其他组织进行销售，销售周期通常很长。传统 B2B 商业模式的运作方式侧重于销售团队与目标或潜在客户建立关系。然后，销售人员在客户中建立圈子，以形成认知和信任。他们的销售方法是专注于其解决方案的好处，以解决客户问题为目标。

SaaS 的引入对 B2B 商业模式产生了直接影响。它减少了潜在客户为了了解更多信息或购买产品而与销售团队交谈或互动的需要。这也促使潜在客户能够通过自助服务来学习和购买，而不需要与销售人员交流。这加快了早期试用品和小规模客户的销售周期，但大客户通常仍依赖传统的销售流程。

在 B2C 商业模式中，产品要营销，通常由消费者所驱动。因为个人就是买家，所以销售周期很短。B2C 商业模式的组件产品，例如一把锤子或是一袋大米，是以其功能列表或极具优势的价格向大量消费者销售，因而比竞品更有吸引力。营销内容也包括了产品可以如何构建和做出什么的想法，但潜在购买者不太能够不先付钱就把产品带回家试用。

最终，购买者会选择用他们的产品来做什么，对于出售锤子或大米的公司来说并没有什么区别，因为公司与购买者没有长期关系；该公司的重点则

转向销售下一个锤子或一袋大米。一个拥有社区模式的 B2B 或 B2C 企业通常利用社区来提供售前和售后支持，并鼓励用户在社交媒体上生成内容，以充实企业的营销投入。**不过，这个产品已经售出了。**

在 B2D 商业模式中，成功是由成果来定义的。

对开发者的最佳方式就是赋能和激发合一。

B2D 商业模式的不同之处在于，你不是在向产品的最终用户销售。你的营销对象是开发者，他们会利用你的产品来创造或增强他们的产品服务，然后再销售给他们自己的最终用户。这里最主要的营销推动力是自下而上的"开发者优先"的方式。此外，由于采用新技术的复杂性，B2D 商业模式需要大量投资以教育潜在用户如何使用这个技术和可应用在哪些应用中来启发他们。例如博客、案例研究，甚至推文这类的学习资源都可以用来激发开发者，并展示你的产品的可能性。然而，这些都必须配套提供技术文档和代码样本等资源，这些资源提供了可以使用哪些积木以及它们如何拼接堆叠在一起的说明，这对于让开发者能对你的基本蓝图进行润色是至关重要的。

B2D 商业模式的销售周期可以很快——通常是通过你的自助式开发者中心，如果你与销售团队一起向更大的公司销售产品的话，这一周期可能会更长。

由于这些差异，**B2D 商业模式的价值链得到扩展**，它从根本上改变了你需要提供的战略、进入市场的计划及相应的技术支持和社区建设。

B2D 商业模式变现战略

你可能已经注意到，到此为止，我们还没有提到 B2D 商业模式的价值交换。换句话说，**专注于开发者关系的公司是如何赚钱的？**

多年来，B2D 商业模式变现战略的复杂性不断增加。然而，它们大体上都隶属于如下这 4 个分类之一：

- 直接——前期收入；
- 直接——延迟收入；
- 间接——市场增强；
- 间接——生态系统增强。

图 8-2 以可视化的方式简化了这些变现战略。接下来我们将详加讨论。

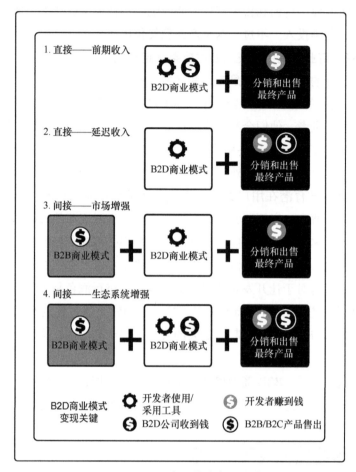

图 8-2　B2D 商业模式变现战略

直接——前期收入

直接的变现战略是最直接的，即开发者直接付费给开发者关系组织。这种价值交换发生在开发构建阶段的某处，这时开发者已经开始构建他们的概念验证（Proof of Concept，POC），或者已经开始将他们的产品扩展到生产阶段。在许多方面，这与传统的 B2B 或 B2C 商业模式相同，只是开发者在评估阶段能得到免费试用的机会比较有限，通常就是开发一个简单的"Hello, World!"示例。开发者不仅会在开发过程中得到支持，而且会在成功上线时收到祝贺。

开发者关系产品的定价模式各不相同，包括按每笔交易收费，按使用量分级的月费或年费，或许可模式。示例包括 Netlify 和 Cloudflare。

这种盈利模式的挑战是，开发者只为附属于产品的服务付费。Red Hat 公司使这种模式闻名于世，产品是免费且开源的，但如果你想要高效地扩展，他们也会销售支持、培训和集成服务的订阅服务。

直接——延迟收入

虽然仍是开发者直接支付，但此种模式不会预先得到收入。相反，收入延迟的战略意味着付款延迟，要等到开发者完成产品开发、进入市场，并以某种形式获取到自身的价值时，开发者关系团队才能获得收益。

这种方法一般用于应用市场平台的收益分成模式和广告平台，如 Stripe 和 Smaato。

间接——市场增强

市场增强方法，有时也被称为双边商业模式，只被开发者+企业采用。在这种模式下，公司已经从其主要产品赚到了钱，他们的 **B2D 产品是用来增强主要产品的价值或吸引力的**。

高通公司提供了这类商业模式的参考案例。他们的主要产品是手机和其他设备的处理器。他们通过向终端制造商出售处理器赚钱，他们的骁龙（Snapdragon）SDK 被开发者用来制作能在骁龙驱动的终端上运行得"更好"的应用，可以对应用进行优化以提高能效。

开发者使用 SDK 并不会让组织直接获得报酬。相反，这背后的战略是，这些"更好的"应用有助于展示骁龙处理器的卓越性能，而更多的应用使采用骁龙处理器的终端设备更受消费者欢迎，这对高通公司、终端制造商（如三星公司）和应用开发者都有利。

通常附加价值（如第 4 章所述）也与这种模式有关。例如，支持成本可能会降低，因为开发者关系项目创建的开发者教学材料间接支持了主要产品。同样，我们看到开发者推动了 B2B 产品的营销。这种推动源于开发者首先发现了 B2D 产品，并增强了 B2B 产品的体验，从而促进了 B2B 产品的销售。

其他使用此模式的公司包括 IBM、英特尔、ARM 等。

间接——生态系统增强

开发者+企业也可以采用生态系统增强的模式。在这种模式中，就像前面的间接例子一样，B2B 公司已经从其主要产品的销售中赚到了钱。**他们的 B2D 产品是用来鼓励新产品（例如插件、应用）的生态系统，从而增加整体价值并扩展主要产品的效用。**也可以说，公司通过将产品开发和创新的元素外包给生态伙伴来为节省资金，以便能够专注于最具有战略意义的事务。

Salesforce 就是很好的例子。该公司的开发者关系项目提供工具，帮助开发者构建应用以作为其主要产品的插件或补充，从而增强这些产品，而开发者则通过 Salesforce 活跃的生态系统来销售和获得收益。

苹果公司的 App Store 也许是间接营销其现有产品系列的终极示范。该公司不仅保留了 30% 的应用销售收入，而且向开发者收取费用，让他们成为开发者关系项目的一部分。

正确使用此模式会使此生态系统对潜在开发者更具吸引力，也使得产品因提供了更丰富的内容而对购买者更有吸引力。

让你的模式更成熟

随着开发者关系项目和产品的成熟，公司通常会通过增加常见用例的预打包版本来扩大自己的产品范围，这被称为"向上移动栈"。例如，在提供纯 API 几年后，Twilio 公司观察到对使用其文本和语音 API 的双因子身份验证（two-factor authentication，简称 2FA）用例的需求。通过收购 Authy4 公司，Twilio 公司现在可以提供一个预制的 2FA 解决方案来补充 API 方法，而不需要每个客户都从头开始构建。继续用乐高公司打比方，这就相当于购买乐高公司星战系列的千年隼。当然，你可以购买所有单独的积木，然后自己想办法，但你知道盒子里有你需要的一切，并有一套清晰的说明，这可以节省相当多的时间。当然了，为了方便和包装，你要付出比基础积木更高的价格。

对 API 或平台类的公司来说，在你进一步发展自己的产品和服务的雄心与保持一个纯粹的工具供应商之间可能存在着一种紧张关系。一个潜在的陷阱是，你有意或无意地利用你的开发者社区来测试市场，找到成功的用户案例，然后发布你自己的产品来获利，直接与你自己的社区竞争。Twitter 公司是一个著名的例子。该公司的模式说明了这种挣扎应该在哪里划清界限。Vassili van der Mersch 在 Nordic APIs 网站上发表的文章《Twitter 与开发者关系的 10 年斗争》中对 Twitter 公司与开发者之间的交锋历史做了很好的总结。

随着转而销售"解决方案"，你为新型买家开辟了新的销售机会。你不再专门针对开发者，"商业决策者"第一次成为目标，因为你不再只在代码层面进行操作了。

根据你选择的商业模式，你需要注意收入组合，同时避免对几个大客户过度依赖，也就是"不要把所有的收入鸡蛋放在一个篮子里"。如果你的收入中的很大一部分未受保护或不可预测，你的投资者或企业利益相关者可能会感到担忧。

Twilio 公司在早期就经历过这种情况，被认为它仅依赖于两三个关键公司客户——Uber、WhatsApp 和 Airbnb。Twilio 公司使用按交易即用即付的定价模式，没有长期锁定。当 Jeff Lawson 宣布，因为 Uber 公司从短信通知切换到应用内通知，他预计来自 Uber 公司的收入将会下降时，Twilio 公司的股价随之下跌了 30%。

数字游戏

当开发者基于你的技术来创造自己的产品时，他们就是在为价值链的下一个阶段增加价值。然而，开发者使用你的产品，并不保证开发者企业能实现自身价值。

你可能已经激发、赋能并指导他们如何将你的技术产品集成到他们的产品内，但如果他们的产品本身并不成功，也不太可能产生足够的交易量或授权，进而提供有意义的收入回报给你。

以按交易付费的模式为例，这种模式在许多 B2D 商业模式中很受欢迎，尤其是在 API 方面。你自己的可持续业务不能建立在一连串的"昙花一现"的使用案例之上。你也无法承受开发者旅程中的阻力。例如，如果 Uber 公司将 Stripe 公司作为支付 API，Stripe 公司就会随着 Uber 公司的受欢迎程度（和交易数量）的爆炸性增长而乘风破浪。从营销角度来看，这很像唱片公司的艺术家和曲目（A&R）部门。A&R 团队必须挖掘并签署数百个名不见经传，在只有十几人的小俱乐部演出的乐队，寄希望于其中几个能成为爆款，从而补偿那些未能成功乐队所造成的投资损失，并为唱片公司带来最终利润。

你也可能会遇到许多开发者使用你的产品只是为了学习新东西，或者他们还没准备好构建一个商业产品。

不难看出，建立一个开发者关系项目将变成一个数字游戏。你将被迫玩百分比游戏，因为你知道只有一小部分用户会带来有意义的收益。

小结

与 B2B 或 B2C 商业模式相比，企业对开发者（B2D）商业模式的业务模型存在根本差异。你与开发者的关系不会以一次性的购买或价值交换而结束，因此，你需要不断支持开发者取得成功，并在他们的产品与你的技术产品之间建立长期关系。

正如我们在前几章所讨论的，建立一个成功的开发者关系项目是一个长期的游戏。你设置的任何障碍都会影响整个结果。了解这点并将关系项目建立在正确的战略和战术上才能取得胜利。

第 9 章　开发者产品——确定价值并找到合身之处

正如本书开头提到的，你可能正在启动一个开发者关系项目，为项目摸底定基准，或准备推出一个新的技术产品，也可能只是想了解更多关于开发者关系的信息。你可能负责营销或产品研发工作，又或者是一名技术销售。无论你属于哪种场景或角色，起始点就是了解需要推广的产品。那么，你需要了解什么呢？

要把面向开发者的技术视为一个产品

你需要让全公司都认识到，你向开发者提供的是一个产品，这是至关重要的。与所有产品一样，成功的产品推广需要具备以下几个要素：

- 战略；
- 团队；
- 预算；
- 商业模式；
- 资料文档；
- 用户；
- 推广活动；
- 学习资源；
- 支持；
- 产品开发；
- 社区。

最后，也是最关键的，一个产品及其背后的开发者关系项目必须得到公司管理层的支持。这点我们将在第 10 章中进一步讨论。

如果组织要求你在没有足够的资源或支持的情况下投身一个开发者产品，那么你很可能会失败。开发者产品同样需要耐心和时间。你至少需要一到两年的时间来展示产品，吸引开发者，因为你首先需要有开发者群体使用你的工具，才可能向其他开发者展示成功案例。

开发者产品的类型

如图 9-1 所示，面向开发者的技术产品非常多。这些开发者产品需要开发者关系项目的支持。

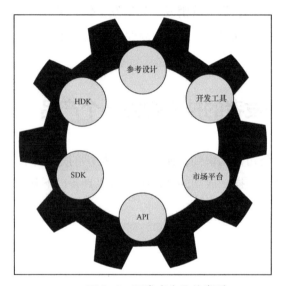

图 9-1　开发者产品的类型

接下来，我们通过几个例子来了解开发者产品的类型。

API

应用程序接口（Application Programming Interface，API）已经成为最普遍的开发者产品之一。开发者企业和开发者+企业都提供 API。API 是两个软件应用或硬件之间的程序接口，用于调用它们之间的行动。一个例子是提供天气预报数据的团队开发了一个详细介绍当日天气信息的 API。应用开发者可以调用该 API，因此最新的天气信息会出现在他们的应用或新闻源中。另一个例子是网上购物。如果你曾网购过，并选择了支付宝或微信支付这样的支付方式，这些组织或像 Stripe 这种专门提供中介支付的公司都提供了支付 API，这样，网络上的商家（如淘宝商家）才有办法收取你的钱。

SDK

软件开发工具包（Software Development Kit，SDK）是可安装的软件工具包，开发者用它来为某一特定平台构建应用。这个包可能包含一个 API、一个编译器、一个代码库、一个调试器、专有工具等。由于这些都是为了方便协同工作，因此对开发者来说，SDK 比单独的工具更加容易使用。在许多情况下，SDK 是开发者为某一特定平台进行开发的唯一途径，因为它包含了与有关特定技术进行通信和编程所需的专有接口和工具。SDK 的例子包括 Android 操作系统和 iOS 操作系统的 SDK 以及游戏机的 SDK（如 Xbox 和 PlayStation），它们允许开发者为这些各自的平台建立应用。

HDK

硬件开发工具包（Hardware Developer Kit，HDK）同样是供开发者创建硬件和开发应用的工具包。它们通常与某种类型的开发电路板以及各种端口、接口、连接选项、附加调试工具（例如特殊状态 LED、JTAG 端口和附加的内存）一起封装。它们在涉及专有硬件时很常见，并且通常与特定的 SDK 结合使用。例如，在物联网开发中，Arduino HDK 或 Qualcomm Robotics RB5 开发工具包允许开发者为这些专有平台构建硬件和应用。在游戏开发领域，微软公司和索尼公司等游戏机制造商提供复杂的 HDK。通常这些 HDK 的费用是数十万美元。由于游戏机行业竞争激烈，开发者需要签署严格的保密协议后才能访问游戏硬件的原型。而这些原型可能随时发生变化，这使得开发者的工作很有挑战性。这些 HDK 早在控制台发布之前就已提供给游戏开发者，使他们能够构建一系列游戏，为硬件发布做好准备。视频游戏开发、物联网和可穿戴技术的发展增加了可供开发者使用的 HDK 数量。

参考设计

参考设计是另一种类型的开发者产品。它们可以是规格或技术蓝图，让开发者或工程师用来创造硬件产品，如手机、机器人或 AR 眼镜，也可以作为一个完整的示例产品，展示那些围绕特定平台（如处理器）构建的产品可能是什么样子以及如何工作。

注意，在这种形势下它们通常也可以作为 HDK。例如，高通公司的智能耳机参考设计是一副支持蓝牙的耳机。通过该耳机展示了 QCC5124 芯片是如何工作的，同时为开发者提供了一个由额外的电路板组成的 HDK，用于开发和测试。

开发工具

开发者工具（或称开发工具，也可简称为 Dev Tools）是一个大的总括类别，涵盖了从调试器和测试套件到库、引擎、脚本、IDE(Integrated Development Ervironment，集成开发环境）、低代码和无代码平台、DevOps 解决方案等的所有内容，或许最著名的例子是微软公司的 Visual Studio IDE。Visual Studio 深受从 Web 应用到 Xbox 游戏开发者的喜爱，经过几十年的发展已经很成熟，可以支持为各种平台构建、用户友好的图形用户界面（Graphical User Interface，GUI）、强大的可扩展性和无数的集成选项。

市场平台

市场平台（如应用商店）是另一种类型的面向开发者的产品。它们通常是作为一个平台生态系统提供的，其中包括 API、SDK 以及测试和监测工具，供开发者创建应用或插件。开发者的应用是专门为该市场平台设计的。例子包括 Google Play、苹果公司的 App Store、Salesforce AppExchange、Slack App Directory 等。

开发者服务

越来越多的服务专门针对开发者，我们认为在此提及并加以区分是很重要的。为开发者"服务"的公司接踵而至，就是这个行业越来越成熟、机会越来越多的重要信号。

开发者服务与开发者产品类似，它们都有一个目标客户——开发者。因此，开发者服务公司采用的营销和信息传递与我们在本书中描述的原则相同，而且他们也建立了自己的开发者社区。

然而，服务与产品不同，因为它们不需要相同类型的技术文档、技术学习资源和支持。

接下来我们看看开发者服务的具体例子。

像 HackerRank 和 Stack Overflow Talent 这样的服务能帮助你识别、测试和雇用软件开发者。他们的目标是让开发者加入社区，这样就可以把开发者和职业机会联系起来。这两家公司在这方面做得非常成功。SlashData 的研究显示，Stack Overflow 是拥有 1600 万名开发者的社区，而 HackerRank 则拥有 600 多万名开发者。

社交编程和代码托管平台也是开发者服务的知名案例。像 GitHub（4100万名开发者的强大开发者社区）和 Bitbucket（1000 万名开发者的社区）这样的服务使协作编程、代码发布和共享成为可能，其中 NuGet 是一个.NET 市场平台的例子，NPM 是 JavaScript 社区的例子。

其他开发者服务的例子包括黑客马拉松（简称黑客松）和编程大赛的组织者，如 Major League Hacking 和 DevPost，以及像 Udemy、Pluralsight、Code Academy、General Assembly 和其他软件开发者培训领域的公司。

组织中的产品范畴

本节涉及的图表来自《2020 年开发者关系报告》，主要用于说明开发者关系从业人员推广的产品范畴和规模。正如你将看到的，这个范围很大。

图 9-2 显示了各个组织向开发者提供的开发者产品。调查阐明，产品被认为是一个独特的实体，有其自己的身份、资源、文档、技术支持和维护需求，包括开发者工具、API、SDK、HDK、市场平台等。

受访者称，50%的公司提供 10 种或更少的产品，只有 9%的公司管理单个产品。而 19%的开发者关系团队总计推广过超过 100 种开发者产品。

图 9-3 将其进一步细分，按团队规模分别统计提供的开发者产品数量，凸显出开发者产品资源投入的差异性。我们合作过的那些团队，其"产品/团队比"很高，按照技术模块、时间框架、企业目标或重要公告来组织他们的工作。许多开发者关系部门依靠其他部门的营销、内容、论坛或资料文档开展工作，但并不是那么成功。这种比例的差异无疑表明了你需要从战略角

度发展你的开发者关系团队,并且重视开发者关系专业人员所应具备的基本技能——相互协作。

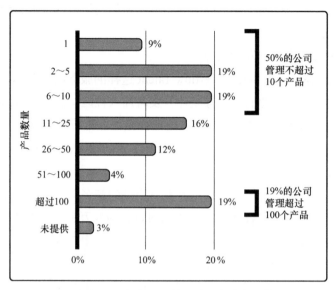

图9-2 每家公司管理的开发者产品数量

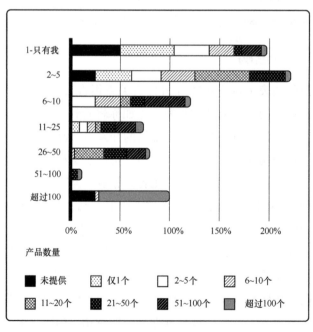

图9-3 每家公司按团队规模划分的产品数量

开发者产品的价值主张

当你准备好把产品推向市场时，每个产品都必须有一个能与开发者对话的价值主张。价值主张应该回答这个看似简单的问题（如图 9-4 所示）：**开发者为何要使用你的产品**。确定价值主张将帮助你围绕产品制定上市策略，更好地支持开发者，对产品合理定价，甚至发展相应的开发者社区。

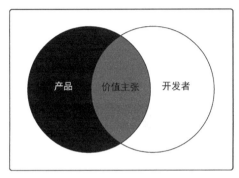

图 9-4　产品的价值主张

通过对潜在用户的研究来了解价值主张是第一步——或者至少应该是第一步。这项研究可能在开发者关系团队就位之前由产品或营销团队开展。它通常与市场研究公司一起完成，以获得更多的市场洞察。

开发者关系的领导者可能会被要求参与或实施这项研究，这取决于他们加入的时间点和产品的开发阶段，因此做好准备是很重要的。

无论以哪种方式，你的公司都必须在构建产品之前验证其假设，并持续回答这类问题，以确保它们与最新的趋势和开发者喜好保持同步。我们建议开发者关系团队领导在此过程中要发挥积极作用。

遗憾的是，开发者关系团队并不一定会参与市场研究。你可能会发现你正在与一个非常热情的产品开发团队合作，他们会非常认真地告诉你所有伟大的产品功能和一长串已经在产品开发路线图上定义的增强功能，却没有想过要与潜在的开发者用户交谈，了解开发者认为什么是必要的以及他们为什么会为此产品买单。他们可能也没想过要调查当前的用户，了解他们喜欢什么、不喜欢什么，以及接下来想看到什么。

令人震惊的是，72%的产品或服务创新未能实现客户的期望。这一失败率更凸显出为什么确定价值主张如此重要。

确定产品的价值主张

确定产品的价值主张就是要弄清楚你的产品对开发者的真正价值是什么，以及你是如何在竞争中脱颖而出（毕竟竞争无处不在）。

图 9-5 显示了确定开发者产品价值主张需要思考的 3 个问题：
- 产品与开发者的关联性；
- 产品对开发者的好处；
- 你的产品与开发者的其他选项相比如何与众不同。

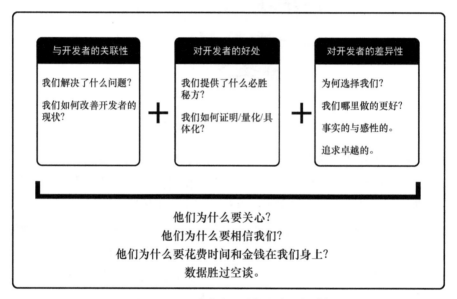

图 9-5　开发者产品价值主张的组成部分

可以确定产品的价值主张的方法有很多。一个流行的例子是 Strategyzer 的"价值主张画布"。该画布主要分为两部分，以回答如下问题。
- 开发者需要完成的主要工作。
- 当开发者试图完成工作时所面临的阻碍。
- 开发者完成工作所获得的收益。
- 你的产品和服务是如何解决痛点并增加收益，从而得到更好的结果。

事实上，你会发现这并不是新产品所具有的功能清单，而是开发者可以用它来实现什么，以及如何让开发者因为使用你的产品而变得更好。从本质上说就是，他们为什么要选择你。正如第 5 章中提到的那样——让开发者自豪地说出"我成功了"。

功能以外

差异化的价值主张并不总是通过更好的功能来实现。你可以通过其他方式赢得开发者的"心"。

第一种方式是提供良好的开发者体验，特别是资料文档和学习资源，你会在第 16 章～第 19 章了解更多内容。

第二种方式是在所有的开发者触点（从论坛答疑到直接的技术支持）中提供卓越的服务。孵化构建一个充满活力的社区是使你的计划与众不同的第三种方式。我们将在后面的章节中深入探讨社区。

情感因素，诸如你的品牌和你带给开发者的感受，也有助于提高产品和开发者关系项目的价值。如果你在开发者企业，品牌方面的考虑就特别重要。因为在开发者眼中，公司的品牌形象和产品价值主张很可能是一体的（例如，Stripe 被看作是一个支付 API 和一家公司，可以互换）。对许多竞争对手众多的公司，例如通信平台即服务（Communication Platform as a Service，CPaaS）领域来说，包括 Twilio、Nexmo、RingCentral、Infobip 等公司，仅仅拥有一个伟大的产品并不足以实现差异化。

因此，只有构建出真正好的产品和开发者关系项目，才能让开发者重视你的存在，竞争对手也难以复制。

从长远来看

我们希望你的产品和开发者关系是为长期发展而设置的。这里有几个需要注意的问题。

弃用、过时的产品和代码破坏

历史上到处都是弃用的 API 和过时的 SDK，很多还是来自那些大肆宣称对开发者友好的公司。如果你在 ProgrammableWeb 上搜索"已弃用"

（deprecated），你会发现来自 eBay、谷歌、微软、IBM、亚马逊、PayPal 和 Facebook 等公司的近 50 个 API。在手机行业，诺基亚、Palm、微软和 RIM 这样的公司在 21 世纪初在设备上花费了数百万美元，试图吸引和服务移动应用开发者。

此外，源源不断的新产品版本发布，为开发者"破坏代码"。这可能直接发生在你自己的产品中，也可能发生在开发者在其生产代码中依赖的相互关联的工具下游，这些工具在没有任何警告的情况下不再正常运行。

无数种方法可以"破坏"你的产品，包括更改函数的输入参数或更改端点上支持的 REST 动词、在下一个库构建中弃用某些类方法，或修改你的工具如何组织或生成使用你的产品所需的数据。还有那些看似"无害"的幕后变化（如数据的存储方式），也可能破坏你的 API 或工具接口的"契约"（即接口和预期行为），并使你的开发者社区成员争先恐后地寻求某个解法。

当你的产品所依赖的工具、SDK 和其他资源被修改、弃用或不复存在时，此类破坏也可能在上游发生。如果依赖的是"粗略的"资源（如由一个小团队或个人管理的工具或 API，而该团队或个人不再支持它）时，问题将会进一步加剧；但当依赖一家有信誉的公司，而该公司却不顾影响而关闭接口时，问题也会发生。这就是为何在选择技术依赖时要仔细检查其长期支持或破坏性变化的可能性，就像你的客户对你的产品一样。

虽然用更好的产品改进和替换过时产品不一定是一件坏事，但你必须认识到，在你的价值链下游的许多公司将在你的开发者产品上下大赌注，因为你的产品是他们自身产品和主张的成分。如果你的开发者产品被撤下，或被大大改变，其影响可能非常巨大，特别是在今天基于云产品的生态系统中，重大的变化可能对客户的实时在线产品产生直接影响。

当 Twitter 公司在 2018 年关闭 API 时，Tweetbot 和 Twitterific 等流行的第三方社交媒体应用受到了影响；讽刺的是，Twitter 公司同时也承认其最好的创新来自第三方开发者。这是在该公司对其开发者社区的几次态度大转弯、违背承诺和公关失误之后发生的。Netflix 公司在 2014 年关闭 API 时也出现过类似的问题。

在"API 经济"的早期，批评者认为 API 难以发展的主要原因之一是为什么要集成来自小型公司的技术。这些公司可能今天还在，明天就消失了。这类的情绪会扼杀你积极的价值主张。

虽然自软件问世以来，软件公司弃用或更改产品一直是一个问题，但由于入门门槛低（免费试用、低价的现收现付交易业务模式），基于 Web 的 API 得到了广泛采用。广泛的分布（云计算）以及客户投诉的公共平台（社交媒体）的普及，也使得这些关闭操作似乎更有影响力。这不仅是由于直接集成 API 的开发者数量众多，也是由于开发者产品的许多终端用户对其功能的依赖。

可以看到，违背承诺、撤回服务和其他不良的社区行为会迅速损害你在开发者圈子里的声誉。如果你在一家大公司工作，并且有引入开发者使用产品的悠久历史，请注意你来之前的情况。你可能不会意识到，历史包袱会阻碍你再次尝试重新参与的计划——一朝被蛇咬，十年怕井绳。社区有很长的集体记忆。

当你弃用或更改产品时，它会增加你的信息传递、内容管理、站点导航和支持工作的复杂性。你可能有多个用户群组且分布在产品的多个版本中，因此，除非你决定完全删除对以前版本的访问权限，否则请考虑在这种情况下对客户产生的连锁反应。

要清楚明确地阐述你有多个可用版本，以及它们彼此有区别（即版本之间的变更和删除）。如果你计划在某个时间节点让某个产品版本无法使用，或者破坏某个版本，这都需要提前做好沟通。

开发者喜欢看你的产品路线图，因为这让他们相信你已经考虑到未来的发展，制定好的产品路线图需要存在好一段时间，而且让开发者有机会对它提供反馈。我们将在第 17 章进一步讨论这个问题。

定价变化

破坏开发者的代码是一回事，破坏他们的银行账户是另一回事。就像开发者对你的技术做出承诺时不希望看到破坏性的变化，他们也承诺在采用你的技术时，是按照你宣传的价格点进行付费。开发者不希望看到产品价格的急剧变化，这可能会使他们无法继续使用你的产品，甚至损害他们的整个业务。

产品市场匹配度

在讨论开发者产品价值时，我们主要关注的是产品发布的时间。你不太可能在第一次就得到完全正确的价值主张。此外，随着你获得更多用户反馈并修改产品，你的价值主张可能需要修改。将产品与市场进行匹配就像听起来那样——确认市场正在寻找的价值是你的产品所能提供的。这不是一次性的火箭科学实验，而是商业基础常识，因此请考虑到这是一个持续的实践过程，只有这样才能找到最匹配的产品市场。如前所述，这包括与用户交流、评估他们的产品使用情况、获得产品路线图的反馈，以及测试和评估不同的营销信息和渠道。

小结

正如本章所介绍的，开发者产品有很多种。有些组织只需要管理一种产品，有些组织则需要照看数百个产品。要想获得成功，就必须了解你的产品是做什么的，并以长远的眼光来判断它为开发者提供的价值。

然而，在你使用这些信息来确定开发者关系项目的目标和活动之前，你必须确保与公司的总体目标相匹配。我们将在第 10 章中详细讨论这些。

第三部分　设定开发者关系目标

企业各个业务都会设定明确的项目目标，开发者关系也不例外。但是，由于存在对开发者关系领域的误解，导致开发者关系在目标设定上缺乏行业的一致性。

开发者关系如何在理解企业目标的基础上设定自身项目目标并发挥价值是一件棘手的事情。

在这一部分中，我们将探讨企业目标和开发者关系业务目标之间的联系，帮助两者实现一致性。

第 10 章　企业目标

将开发者关系业务目标与企业目标对齐，对项目和团队的成功至关重要。在本章中，我们将探讨企业目标及其相关因素，思考如何让项目目标和企业目标保持一致。

识别企业目标

无论你在什么类型的公司，作为项目领导，理解业务的战略方向和优先级是至关重要的。又或者你只是开发者关系团队的一员，理解企业目标同样能够让你更加清晰地明白团队在公司组织架构中的地位和作用。

入职培训、和业务主管的沟通是大多数人了解企业目标的最早方式。如果你还不知道企业目标，或者希望寻求更多的细节信息，可以通过企业大会、公司内部网络、部门简报会、采访等渠道进一步了解。如果你所在的企业是一家上市公司，还可以查询企业招股书或季报以获得更多信息。

了解企业目标只是第一步。如何将企业的目标融入开发者关系项目的目标和规划中则更具挑战。由于开发者企业最重要的业务是面向开发者提供技术产品，因此旗下的开发者关系部门能够很容易将部门目标与公司目标对齐。但对于诸如沃尔玛这样的开发者+企业，很难直接找到开发者关系部门与公司业绩之间的内在联系，因此寻找两者之间的共性，并影响开发者关系业务的利益相关者非常重要。

想要真正理解这些目标，你需要从利益相关者的角度去思考问题。比如企业目标如何影响利益相关者的想法和优先级。打个比方，如果企业的目标是实现营业额指标，那么开发者关系项目如何推动营业额的增长则是利益相关者更加关心的问题。企业既有长期目标，又有短期目标，同时，他们的实现也受到各个部门的影响。因此，将开发者关系的目标与企业目标对齐是极为复杂的。

与企业目标对标的重要性

也许你会觉得,为什么需要考虑企业目标呢?把自己的本职工作做好,为开发者提供尽可能好的体验不就行了吗?

最重要的原因就是为你的项目和团队争取足够的支持。很多时候,你的职权是有限的,那么总是需要一位高管代表开发者关系团队向公司解释:为什么将资源投入开发者关系是正确的?

无论规模大小,每家企业所拥有的资源都是有限的,因此企业各部门之间总是存在激烈竞争,以争取企业有限的人力和资金。只有将资源用在正确的地方,才能确保企业持续发展,开发者+类型的企业尤其如此。在开发者+企业中,各部门对资源的争夺更加激烈,开发者关系部门想要得到相应的资源,则必须阐述自身对实现企业目标的重要意义。

接下来我们将深入探讨如何寻找企业目标和开发者关系目标的交集。

如何实现目标一致性

找到企业核心目标

开发者企业的核心目标是为开发者提供产品技术和服务。因此,开发者关系对这类企业的重要性毋庸置疑,它能帮助提高企业技术产品的知名度和市场份额。开发者企业的目标具有稳定性,因此,一般而言,开发者关系团队面临的挑战主要来自部门间沟通的缺乏,对市场战略的不同意见以及对产品理解的欠缺,而不是对开发者关系部门存在的必要性提出质疑。当然,如果你足够专业,还应该努力确保企业投资者对开发者关系团队及其项目的理解和支持。

在**开发者+企业**中,情况则大大不同,由于开发者关系并不是这类企业的核心业务,因此开发者关系部门时常被忽视。因此,你需要阐明开发者关系对实现企业目标的重要性,为什么它具有更高的优先级,以及为什么开发者关系比其他部门更需要资源的投入,只有这样才能说服你的利益相关者对开发者关系项目提供支持。(更多信息参考第 4 章。)

不管是在创业公司,还是成熟的集团公司,人事变动是家常便饭,这意味着你的利益相关者也会因此不断改变。即便上一位利益相关者理解了开发者关系的重要性,但新主管不一定也这么想。在早期的创业公司中,这种情况尤为多见:一方面,各种变化不断地扰乱现状,比如创始人不断寻找新的市场机会,较高的员工流动性以及新一轮的投资人带来不一样的想法等;另一方面,新官上任三把火,新的利益相关者总是想要做出一些业务上的改变,并带着自己的心腹加入公司。因此,看似进展一帆风顺的开发者关系项目,很可能正在不断地接受审查。作为开发者关系团队的负责人,你需要时刻跟进这些变化。

理解企业文化

文化的磨合在不同类型的企业中表现不同。开发者+企业往往有相对成熟的企业文化,需要思考的是如何将全新的开发者关系团队文化融入已有的企业文化中。而在创业公司中,更多问题则集中在新主管所带来的新的工作方式与团队存在的冲突。因此,想要开发者关系取得成功,团队必须尽快适应这一变化,采取更加包容合作和支持的态度,分享信息并积极反馈。如果你在一家刚成立的开发者企业,情况则大为不同,你可以从一开始就积极在企业中推广这样的团队文化。

但在开发者+企业中,由于与企业文化的不匹配,推行开发者关系工作往往面临许多阻碍。再有热情的开发者领导,面对各部门的一致反对时,也会感到精疲力竭。各个部门和员工面对自己并不熟悉的工作方式,往往选择逃避。

企业缺乏对开发者关系的理解和支持,往往造成诸多问题,这对单个开发者来说也许微不足道,但长远来看,将会导致糟糕的开发者体验。在开发者+企业中:一方面,中小开发团队不得不签订晦涩难懂的采购合同,满足困难的供应商要求;另一方面,个人开发者不得不接受苛刻的付款条件,面临长达90天的收款周期。此外,缺少开发者社区以及技术信息渠道也对开发者的体验造成了负面影响。在开发者企业,企业的首席技术官往往将全部重心放在产品开发上,从而忽视了开发者体验的重要性。他们认为"酒香不怕巷子深",只要拥有好的技术产品,构建了社区,开发者自然而然就会聚集。

再有能力的开发者关系负责人也很难改变一家企业的文化,事实上,这也不是你的主要工作。但你同样不能对问题视而不见。作为开发者关系负责人:一方面,你需要尽可能地让你的利益相关者理解开发者关系业务的重要性；另一方面，如果企业反对的声音很大，你需要重新谨慎地考虑目前开发者关系项目是否还有实施的必要性。

了解企业内反对声音的来源

由于大型企业的复杂性，你很难改变其企业文化。这给开发者关系的工作带来许多挑战，比如当你提议开展一个新的项目时，很可能受到各个部门的反对。由于各部门在企业中扮演的角色不同，他们反对的理由也不尽相同，比如规避风险等。但不管是什么情况，理解背后的原因，保护你的开发者关系项目非常重要。

企业中每一个层级的决策者和利益相关者都有特定的绩效指标，包括如下这些。

- **企业级**——决策者和利益相关者对自己在企业整体组织架构中的角色，以及对实现企业使命和愿景的作用有自身的认知。
- **部门级**——决策者和利益相关者跟自己的部门主管设定了自身年度目标以及任务优先级。
- **个人**——都有个人绩效目标及其考核方法。

而员工的个人薪酬（包括年终奖）通常会跟企业、部门和个人的年度或季度绩效考评结果挂钩。

大型企业通常极力规避项目失败的风险。正是由于对未知和风险的恐惧，创新时常被扼杀。开发者关系项目越是偏离绩效指标，意味着项目的风险越大。在错误的企业文化中，主管们通常只埋头于现有的业务中。如果你的新项目对主管们仅仅意味着风险，甚至影响他们在企业内的权威和正常业绩，他们怎么会支持你呢？

除提高开发者关系项目与企业的匹配度以外，你还需要避免在此过程中不必要的冲突和矛盾。

因此，为了争取足够的支持，你需要理解每一位利益相关者及其决策动机，不断换位思考，问问自己"我的项目对他们的风险是什么""我的项目可以如何帮助他们实现目标"。

许多企业担心自身的现金流业务受到风险项目的影响。但一家拥有明星产品的企业往往会走向自满，停滞不前。以柯达公司为例，辉煌时期的柯达公司拥有大量的稳定现金流入账，市场份额排名第一。但由于骄傲自满的心态，柯达公司逐渐失去激烈竞争的意识，怯于迎接挑战。当一家公司成为行业的领先者，它会变得越来越保守，不再愿意承担风险。

理解创新者的窘境

有时，开发者关系项目所面临的阻力并不是因为项目没能与企业战略保持一致，而是来源于部门间恶性竞争式的创新以及内部斗争的企业文化。企业内部一些团队或个人认为"创新"为他们所独有，任何其他部门的创新对他们来说都是对他们业绩的挑战。*Cutting the Cord* 讲述了这种企业文化差点让手机的发明成为空想。

另一个内部斗争的典型例子是大型企业中台模式和事业部模式的循环切换。通常这种组织结构的变换以5年为一个周期：

- 中心化的中台模式推动企业创新，实现规模化应用；
- 去中心化的事业部模式推动创新更好地和消费者需求对接。

两种模式的切换也会对企业造成极大的内耗，进而引发一定的问题，比如员工不断地被分配到新的部门；在重复的创新以及在组织结构变动过程中，各个团队争夺企业的资源和认可。此时，企业很难在短期内将精力投入到消费者和企业目标上，而是浪费部分时间和精力整合各个项目的功能。

企业高管每年都会收到来自企业内部各个业务部门数以百计的新项目，但并不是所有项目都具备真正的可行性。因此，当你希望向领导建议开展一个新的开发者关系项目时，需要思考此时项目面临的内部环境，清楚地找到、理解并回应那些对你的项目可能产生的质疑，才能实现项目落地。

提升企业品牌价值

各行各业都存在激烈的竞争，因此，作为企业，除提升企业产品的竞争力以外，还需要注重对品牌价值的维护和提升。你需要说服利益相关者你的项目如何帮助企业提高品牌价值，这样才能让项目获得足够的支持。

同样，你需要清楚地了解你所进行的开发者关系项目对外界的影响。在前面关于价值主张的内容中，我们曾指出：过于短期视角的产品往往会对品牌产生负面效应。同样，糟糕的开发活动也是如此。举例来说，Salesforce公司曾花100万美元奖励黑客松的获胜者，却因奖项的颁发备受争议。事实上，开发者非常愿意在公开平台发表自己的想法和意见，而科技媒体更愿意在此大做文章。

发布产品仅仅只是开始

恭喜你!

你已经成功地获得了领导的支持,并在市场上发布了产品。

不过现在庆祝还为时尚早。在项目持续推进的过程中,你会发现大型企业还会经常遇到创新方面的问题,这会对你的项目造成诸多挑战。

- **组织结构调整**——大概每隔一年或半年,企业便会经历组织结构的调整。这意味着你的主管很可能也会被重新替换。这对项目开展的影响是巨大的:一方面,新主管往往带着自己的想法进入新企业,他们有自己的优先级;另一方面,他们也可能会对你的项目存在的必要性提出质疑,不相信你的种种说法。此时,你需要足够的数据和证据为项目做出维护。如果你在一家创业公司,组织结构的调整往往发生在新一轮的投资或者董事会变动的时候。

- **评价指标差异**——通常,**企业对项目是否成功的判断主要基于它的投资回报比**。但是,由于开发者关系项目通常具有很强的前瞻性和创新性,传统企业的考核指标并不适用于开发者关系项目。事实上,你必须在企业内部积累足够的信任,才有可能进入一家企业并在不熟悉的业务领域开展项目。然而,想要让企业建立一套合理的开发者关系项目评价指标体系是极其困难的。很多时候,开发者关系项目归属于市场部门或者研发部门,致使项目无法得到足够的重视,许多开发者关系项目甚至都没有资格参与企业最高决策层的预算分配和项目评估,毕竟你无法指望不熟悉开发者关系项目的领导对项目真正上心。

James 在 BlueVia 项目中的个人经历进一步为我们的论述提供了例证。

> **BlueVia(电信领域开发者关系项目):错误的内部预期**
>
> 我和同事正在房间讨论 BlueVia 开发者关系项目的表现。当时,这个项目仅开展了两年,缺乏成熟度,但令人惊喜的是,项目的结果出乎意料的好,这个项目吸引了成千上万名开发者,也为公司创造了百万美元的营收。
>
> 如果这个项目是在一家创业公司,那么一定能够为公司吸引上百美元

的风险投资。当时，BlueVia 项目的开展并没有前人的经验可循，我们的品牌价值并不高，也不存在和开发者之间的联系。

但令人惊喜的是，这个项目获得了行业协会的认可，被评为电信领域最具创新的项目。许多行业内领先的手机运营商向我们递来橄榄枝，希望能够一起合作。

如果从创业公司的视角来看，BlueVia 项目无疑是成功的，但我们的关键决策人却并不这么想。从传统企业的视角来看，取消这个项目能够节省资源，提高收入。

当领导提出这一想法时，我们非常不理解，因为这是我们的心血。但当我回想这一切时，才意识到我们最大的错误是没能管理利益相关者的预期，从而真正理解并认识到这个项目的价值。

我们也没能让利益相关者认识到，除现金收入的增加以外，这个项目对公司还具有深远的战略意义，对提升企业品牌价值具有重要作用。12 个月后，这一项目被取消。

——James Parton
Telefonica 公司营销部 BlueVia 项目负责人

类似的故事在重复上演。

事实上，许多成功且具有影响力的开发者关系项目最后不了了之，这也是为什么许多开发者或开发者关系的负责人对来自开发者+企业的"岗位诱惑"犹豫不决，因为他们曾经"失败"了很多次。

与企业目标对齐

开发者关系项目与企业目标保持一致过程中存在诸多问题，其中常见的挑战和解决方案如表 10-1 所示。

表 10-1　开发者关系项目与企业目标保持一致过程中的挑战和解决方案

挑战	解决方案
开发者关系被视作非核心业务（开发者+企业）	将你的项目朝企业优先项靠拢，论述你的项目将如何促进企业发展

续表

挑战	解决方案
对开发者和开发者关系缺乏了解	和企业关键决策者充分沟通或者将这本书分享给他们
开发者关系在企业内无足轻重	了解开发者关系部门的汇报机制,确保利益相关者对开发者关系项目的发展提供支持。长期来看,我们希望这本书能够帮助企业提高对开发者关系的认识和重视程度
员工专业度低	找到合适的员工进行培训。雇佣全职员工
招聘限制	建立良好的开发者关系团队文化,优化人力资源的使用。借助开发供应商或咨询机构发展开发者关系项目
企业耐心不足	了解项目现有的市场份额和品牌知名度。明确项目投资额和时间规划
企业文化不利于开发者关系业务	开展业务时保持谨慎的态度

上述讨论解释了为什么尝试影响大型企业的开发者业务是非常困难的,而创业公司却因为更容易与企业目标保持一致,能够以较少的预算和人力实现业务目标。

小结

本章不仅阐述了如何理解公司目标,更重要的是分享了管理开发者关系项目过程中值得注意的一些地方,比如项目受到的支持程度、对资源的争夺以及其他部门对你的项目可能提出的质疑。将他们记在心上,但无须畏惧,只要你保持学习的心态,吸取同行的经验,或者阅读本书,我们相信你一定能取得成功。

相比过去,公众越来越认识到开发者经济的价值和开发者关系的专业性。现在正是加入开发者关系的最好时机。

我们走进第 11 章,思考如何为你的开发者关系项目和团队设定目标。

第 11 章 开发者关系项目目标——制定战略和规划

如果你是企业开发者关系项目的负责人，接下来你将参与开发者关系项目目标的设定，这是管理开发者关系项目的第一步！

通过前面内容的介绍，你已经了解了开发者关系及其服务的对象——开发者的内涵，知道如何使用面向开发者的 B2D 商业模式，分析了技术产品的价值，并在企业主管的支持下，成功地将开发者关系项目与企业目标进行对齐。

下一步是什么？组织开发者黑客松？招聘开发者代言人？我们的回答是：别急，做好项目规划。

接下来，我们将详细阐述一个合理的项目规划所必不可少的因素——明确的项目目标。

设定项目目标

规划项目的第一步是制定明确的目标，这能够帮助你和其他人更加清晰地了解开展项目的意义。你可以问自己以下 4 个问题：

- 项目目标是什么？
- 如何衡量项目的成功？
- 项目能够为企业带来哪些价值？
- 项目能够为开发者带来什么？

图 11-1 列出了一个开发者关系项目可能希望达成的重要目标。

Suzanne Nguyen 是开发者关系领域的资深人士，曾在 Java ME 的产品营销团队工作。对于如何建立一个可持续的开发者关系项目，她有着丰富的经验。下面是她的分享。

图 11-1　项目希望达成的重要目标

当我着手创建一个新项目时，通常会关注这个项目的投资回报率如何。除此之外，我还会思考产品现状以及开发者目前的反馈，找到那些需要改进的地方。

事实上，开发者关系项目的回报周期通常在 3~5 年，但多数企业希望开发者关系项目能够立竿见影，以致企业投入时间太短，导致大多数项目无法进入技术应用和普及的阶段。许多技术产品在发布会时对开发者做出了大量承诺，但实际上，推出的技术既可能出现与旧有版本不兼容的问题，也可能基于各种原因很快退出市场。这极大地损害了企业与开发者之间建立的信任关系。很多时候，企业一味地快速拓展新的开发者群体，但更应该做的是培育自己的技术产品社区，使其更好地为开发者提供服务。

——Suzanne Nguyen

Angora 品牌传播资深总监

曾在三星、Immersion、T-Mobile、Adobe、Sun 等公司开展开发者关系工作

设定长期目标

对开发者关系项目来说，设定一至两个长期目标是必要的，通常这些目标将指导未来 2~5 年的开发者关系工作。在设定目标的过程中，你需要考虑企业文化对目标可行性的影响。此外，长期目标通常具有很大的野心，比如 NASA 的长期目标是把人类送上火星。雄心勃勃的长期目标既为团队指明了

未来的方向，也能保持团队的紧张感，从而不断推动项目朝目标前进。长期目标的制定需要具有现实意义，比如超越竞争对手或颠覆现有市场格局。

设定长期目标时，还需要考虑企业目标与开发者关系项目目标的一致性。对创业公司来说，长期目标或许是帮助企业吸引投资、并购或者上市。对开发者+企业来说，长期目标可以是支持企业的核心创新项目或产品策略。

设定短期目标

短期目标通常持续 3 个月到 2 年时间不等，取决于项目的实际情况。如下是一些短期的项目目标：

- 提升开发者关系项目影响力，帮助企业实现收入增长；
- 提升企业与开发者之间的合作关系/成为行业主流观点的代言人；
- 提升开发者体验；
- 降低开发者服务的成本，提高团队运营效率；
- 在提供产品服务和推广新产品的过程中，提升市场反馈搜集的效率；
- 提升管理开发者关系项目的专业度。

许多人错把参加活动或者写博客当作短期目标。事实上，这些属于为达成目标而采取的战术做法，稍后会详细叙述。

在开发者关系项目的初期，你需要确定项目的长期和短期目标，为你的团队指明方向，增加利益相关者对该项目的信心。

一方面，项目的目标需要切实可行，例如，你需要在给定的预算下，制定合理规模的团队和可实现的目标；另一方面，目标的设立需要紧扣目前的关键问题，如果项目在企业内受到忽视，那么你的首要目标是提升企业对开发者关系的重视程度。

对开发者关系来说，设定 3~4 个短期目标是比较合理的，超过这个数量将会让项目失去重点。值得注意的是，**你所设定的目标中至少有一个能够直接为企业带来收入，或以其他形式为企业创造价值。**

让目标清晰可行

缺乏对利益相关者意图的理解，很可能导致项目的目标变得不切实际，甚至影响你和他之间的信任关系。如下是设定目标过程中需要注意的一些问题：
- 追求应用数量，而非质量（在移动互联网早期，手机制造商和操作系统往往降低应用审核的门槛，追求付费开发者和应用数量的增加，牺牲了应用的质量，损害了开发者关系项目）；
- 不切实际的想法（贡献想法时需要考虑实际情况，否则便是对时间和金钱的浪费）；
- 顾此失彼（建立新的合作关系的同时，影响现有的其他合作关系）；
- 任由其他人修正我们的技术产品和文档（损害专业度）；
- 选用育留专业性强的员工（这不是开发者关系部门的职责）；
- 徒有创新表象（具备核心的创新能力比看起来创新更本质）；
- 为利益相关者的晋升制造创新噱头；
- 追求媒体关注的应用场景，比如一味地模仿 Slack、Twilio、优步等火爆的应用；
- 以提高股价为目的，滥用数字化转型的概念。

作为开发者关系负责人，你需要谨慎考虑目标的设定，理解目标背后的意图，使目标清晰合理。

清晰目标的衡量

一个清晰的目标需要用具体的时间和明确的指标来衡量，否则你将很难定义目前项目的进展情况。相比于"我希望推动项目进程"这样的目标，更有效的说法是："我希望在未来的 12 个月内，项目招募 5 万名开发者，开发者活跃度提高 15%。"

找到合适的尺度去描述并跟进你的目标极具挑战性。我们将在第 26 章中进一步阐述。

影响因素和挑战

开发者关系项目受到不同情景的影响，因此在制定目标的过程中，你需要考虑其背后的影响因素有哪些。这些影响因素会改变目标所涵盖的范围、实现目标的策略方法以及目标的可行性。

你的任务是找到这些影响因素，了解预期目标和现状之间的差距，再以此制订你的计划。你需要发挥自己的洞察力，克服项目可能遇到的困难，抓住机遇。

通过研究和分析，你需要找到目标背后的影响因素。SWOT 方法能够帮助你更好地识别项目的机遇和挑战。与此同时，和开发者进行沟通也能获得有价值的信息。当然，你在找到这些影响因素后，还需要不断地与目标进行对照。

一些常见的影响因素如下：

- 企业目标；
- 开发者关系所支持的产品数量；
- 开发者关系团队人数；
- 开发者关系团队的专业能力；
- 开发者关系在企业组织架构中的地位；
- 企业是开发者企业还是开发者+企业；
- 开发者关系产品的商业和定价模型；
- 开发者关系项目是成本中心还是利润中心；
- 企业公告的发布时机；
- 区位因素，如产品在不同区域的可获得性和本地化程度；
- 项目实施的阶段；
- 产品所处周期（朝阳产业还是黄昏产业）；
- 竞争对手情况；
- 项目预算。

当你思考项目背后的影响因素时，也会发现项目所面临的挑战。表 11-1 列举了你可能遇到的挑战。

表 11-1 实现项目目标的挑战

外部挑战	内在挑战
竞争对手刚刚发布新产品 品牌知名度低（新公司、新市场） 项目/产品知名度低 开发者缺乏对产品价值的了解	产品尚未具备发布条件 缺少良好的开发者体验 文档不完备 预算不足 资源不足 职责不清 跨部门合作不畅 其他项目的竞争

我们建议将你的想法做成表格，让你的团队和利益相关者清楚地了解项目的目标和挑战，如表 11-2 所示。

表 11-2　项目目标和挑战示例

项目目标和挑战：QUTE 公司开发者关系项目	
产品	QUTE Magical 技术平台
目标	6 个月内： ● 启动开发者关系项目，并在 6 个月内培养 1 000 名活跃开发者 ● 在开发者关系项目执行中积累项目经验和洞察
挑战	● 开发者不知道 QUTE 有开发者关系项目 ● 开发者对 QUTE 产品不熟悉 ● 开发者中心未上线 ● 项目团队人手不足 ● 产品还处于 beta 测试阶段

你需要记住这些影响因素，并思考其他的可能。开发者关系的项目计划并不固定，你需要找到最适合你的那一个。

小结

好的项目目标既是公司整体目标的体现，也是项目的价值所在。在你所设定的项目目标中，至少有一个目标能够体现项目对公司业务的贡献。在为开发者关系制定项目目标的过程中，你需要充分考虑各个因素，让你的目标更加现实，更具可行性。

第四部分　开拓市场——战略落地

在开拓开发者关系市场前，除明确项目目标及其影响以外，还需要澄清几个重要的概念。

在第四部分中，我们将走进开发者关系的实践环节，深入探讨开发者关系的核心要素，包括开发者营销、开发者体验、开发者培训、开发者成功和开发者社区运营。这些要素是开发者关系项目实践过程中的重要抓手。

只有技术产品，没有上述的基本要素，将无法启动开发者关系项目。成功的开发者关系项目必须具备全部的 5 个基本要素，才能真正吸引开发者，或者说你所希望影响的那批开发者。

如下页图所示，在开发者与开发者关系项目的互动过程中，你需要清楚地了解项目的最高目标，即提升开发者的感知度、活跃度、参与度和留存度。这部分内容将通过一些精彩案例和策略为你呈现。首先，我们进入第一个部分——开发者细分。

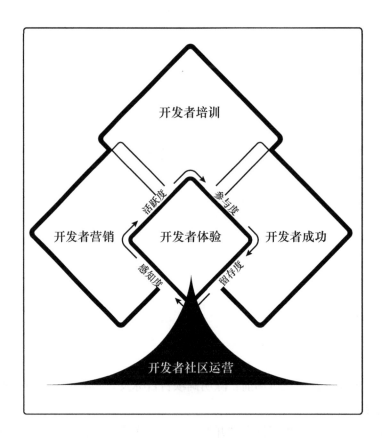

第 12 章　开发者细分

开发者关系项目的目标及其推广的技术产品决定了该项目的目标开发者群体。此时你需要考虑一个问题：哪些开发者是企业技术产品、开发者关系项目和社区的目标人群？

想要为你的项目找到正确的目标开发者，你需要弄清下面几个问题。

- **他们的动机**——他们为什么从事当前的工作？
- **他们的技能**——他们使用的工具和资源有哪些？面临哪些挑战？
- **他们的目标**——他们的目标是什么？
- **他们的思维方式**——他们如何评估和决策？
- **他们的需求的特点**——他们在哪些方面需要帮助？需要何种形式的帮助？
- **他们的制约因素**——他们的瓶颈在何处？是能力不足、预算紧缺，还是有限的基础设施？
- **他们的选择范围**——他们还关注哪些开发者关系项目？

你需要充分考虑上述问题，不断地将开发者的需求与自身产品的供给进行对齐，才能推动项目取得成功。这个过程的第一步就是对开发者群体进行细分。

成功的开发者细分需要回答的问题是：

哪些开发者会因为使用我们的技术产品而获得成功？

开发者细分的重要性

当我们把目光放在长尾开发者，甚至整个开发者群体，项目失败的结局便已注定。

为什么这么说？因为世界上有上百万的开发者，这些开发者往往存在巨大差异，他们的技能水平、决策权限、选用的技术栈、学习的编程语言、所处的地域文化、所在的公司类型、教育背景、职业生涯的发展阶段等都存在不同。即便是相同的信息,在不同开发者中也存在触达方式和接受程度的差异。

单个开发者独一无二的特性极大拓展了这一群体的多样性。开发者关系的产品往往针对特定受众,因此泛泛地面向"所有开发者",既不高效,也不现实。

细分的本质是聚焦。

开发者关系项目的成功离不开对细分市场或目标开发者的聚焦,并在此基础上创建开发者画像(更多细节见第 13 章)。只有这样才能使项目的传达更加准确、定制化,并与你的市场策略保持一致,否则项目将变得缺乏可操作性。

以一个具体的开发者关系项目为例,假设该项目的产品是特殊的 Java SDK,其功能是帮助特定国家的移动开发者开发 Android 操作系统应用,以访问你公司提供的当地的云存储服务。

显然,这样的产品是针对特定的细分市场的,也就是该地区使用 Java 语言开发解决方案的 Android 操作系统开发者。

如图 12-1 所示,SlashData 的调查显示,在受访的开发者关系项目中,有高达 19% 的项目不做任何的市场细分,其余的项目中,也有很大一部分项目只区分专业开发者和学生/业余爱好者。在这一点上,你可以做得更多!

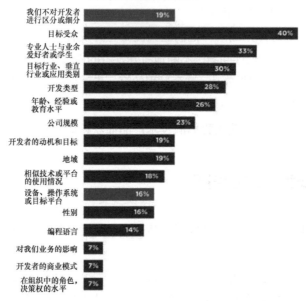

图 12-1　开发者关系项目市场细分现状

开发者细分框架

为了成功地聚焦目标开发者，我们需要制定合理的细分框架。

开发者细分需要搜集特定的信息。这既包括定性信息，主要来源于社区、同事、同行和科技媒体的反馈，也包括定量信息，主要来源于 Stack Overflow、SlashData 和自有社区的调查报告。

把搜集的信息转换成团队可执行的方案绝非易事。正因如此，我们需要根据开发者特点制定一个全面的市场细分框架，对这些信息进行分析。

> **常见的市场细分框架并不适用于开发者关系项目，原因如下：**
> - 它们并不实用。
> - 它们与开发者关系业务和产品的相关性不足。
> - 它们的市场细分程度低。（仅使用单一的标准或人口统计数据去细分市场。）
> - 它们不能为开发者关系项目提供足够的信息，帮助开发者关系项目找到合适的目标开发者或制定出可执行的策略。
> - 它们不能反映真实的开发者关系现状——导致开发者对项目缺乏认同。

如图 12-2 所示，为了实现对开发者市场的细分，我们创建了开发者细分框架，并在实践中屡试不爽。该框架主要通过 4 个细分维度进行划分：

- 技术（以产品为中心）；
- 用户（以开发者为中心）；
- 组织（以客户组织/应用场景为中心）；
- 市场（以垂直行业和地理位置为中心）。

我们在每一个细分维度下列举了几个问题供你参考。当然，在实际操作过程中，你可能还需要根据具体项目对问题进行调整并尝试解答。细分的核心是找到对企业和产品最重要的目标开发者。各个维度的细分问题因产品和企业特点而异，并没有统一的标准，但这正是细分的意义所在！

细分维度	细分问题（用于形成筛选标准）
1. 技术（以产品为中心）	我们的产品是否需要特定的平台？ 我们的产品是否需要特定的工具集？ 我们的产品是否需要特定的编程语言？ 我们的产品用于开发周期的哪些环节？
2. 用户（以开发者为中心）	为了有效使用我们的工具，开发者是否需要特殊技能、特定类型和时间长度的项目经验？ 是否需要开发者有特定的职称或岗位？ 他们的需求和动机是什么？ 他们是决策者还是决策的影响者？
3. 组织（以客户组织/应用场景为中心）	什么样的组织可以帮助我们实现目标？ 什么规模的组织能够负担得起我们的产品，并会持续开发相关的应用/设备/服务？ 他们使用我们产品的用户场景是什么？ 哪种组织模式最成功？
4. 市场（以垂直行业和地理位置为中心）	我们的用户是在特定地域或以其他方式聚集？ 哪些行业有应用的增长潜力？ 我们需要考虑哪些行业趋势？ 我们的竞争对手在做什么？

图 12-2　开发者细分框架

市场细分的标准

在制定开发者细分框架前，我们需要确保细分市场满足以下 4 个条件：

- 该细分市场与我们业务的相关度足够高；
- 该细分市场的体量足够大；
- 该细分市场的价值足够高；
- 我们有足够的资源覆盖这一细分市场。

在满足上述 4 个条件后，我们可以在开发者细分画布"细分问题"一栏中进行作答，以帮助项目找到合适的市场细分标准，如图 12-3 所示。

如果你在某个维度中列出了 2 个或 3 个以上的标准，那么需要对它们进行优先级的排序，然后针对最重要的那条标准规划开发者关系项目的沟通和活动安排。

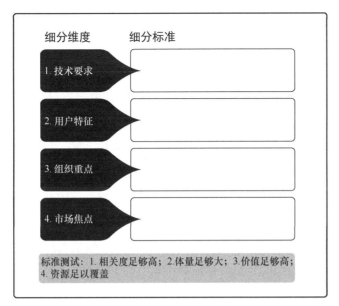

图 12-3　开发者细分画布

开发者细分画布案例研究

为了带领大家熟悉开发者细分画布这一工具的筛选维度和标准，我们将以某人工智能 SDK 为例，对其进行开发者细分。该 SDK 旨在帮助游戏开发者创建实时沉浸式的体验。

我们需要回答的核心问题是：哪些开发者将在我们的开发者关系项目的帮助下获得成功？接下来，我们将依次研究各个维度下如何制定合适的标准。

技术要求

该人工智能 SDK 适用于 Android 操作系统，并与 Unity 软件集成。开发者可以使用 Java 或 C++编程语言来调用此 SDK。开发者在游戏设计完成后，基于 Android 操作系统的通信框架进行开发。因此，使用该人工智能 SDK 的开发者需要对通信协议有一定了解，包括若干用于图像边缘生成的预训练 TensorFlow 模型。

我们的技术标准是 Android、Unity Java/C++、4G、Wi-Fi6 和 TensorFlow 模型。

用户特征

由于该人工智能 SDK 的使用难度较大，因此我们希望开发者拥有 5 年左右的移动游戏开发经验。同时，这项技术将对游戏制作具有重要意义。因此，为了提高技术的采用率，我们希望目标开发者有足够的经验和决策能力。

我们的用户标准是手机游戏开发商、5 年以上经验、关键决策者。

组织重点

由于该人工智能 SDK 背后的游戏技术较为复杂，因此我们的目标开发者主要是大型的游戏工作室，或者资金雄厚、经验丰富的 3A 游戏创业公司。

我们的组织标准是同类游戏中最成功的公司，包括大型游戏工作室、3A 游戏创业公司。他们的开发目标是制作知名的手机游戏。

市场焦点

该人工智能 SDK 所适用的行业主要是娱乐业和媒体业，特别是娱乐业下的游戏产业。同时，随着公众对家庭教育的重视，教育行业对混合现实技术在教育领域的应用也越来越感兴趣。就地理位置而言，较大的游戏公司主要位于美国（旧金山）、加拿大（温哥华和蒙特利尔）、法国和韩国。由于我们公司的总部设在旧金山，因此从旧金山出发开拓本土市场更为明智。

我们的市场标准是：行业要求是娱乐业、媒体业、游戏业、教育业；地理位置要求是旧金山、温哥华、蒙特利尔、巴黎、首尔。

根据前面的例子，我们制作了一张开发者细分画布，如图 12-4 所示。

通过制作开发者细分画布将帮助你进一步描绘开发者画像（第 13 章将详细介绍），以便向你的目标开发者传播有效信息，为他们安排富有价值的活动。

重要提示：

随着开发者关系项目的持续开展，开发者细分这一工作也需要持续进行。在开始阶段，你需要关注项目未来 6~12 个月的市场状况。之后，随着外部市场的变化（如竞争对手的出现、开发者需求的变化）或自身情况的变化（如项目技术产品或业务目标的更新），你的目标开发者也会随之变化。

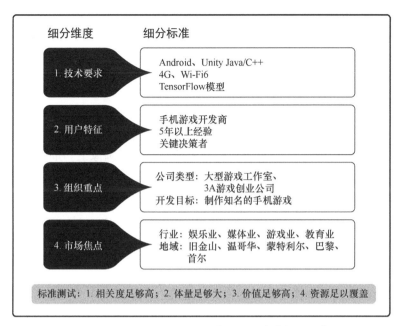

图 12-4　以人工智能 SDK 为例的开发者细分画布

小结

尝试把技术产品推广给所有"开发者"将注定导致失败的结局。由于开发者社区的广泛性和多样性,你的产品不可能吸引所有人。即便你愿意,在实际操作过程中,你也没有足够的资源去有效地触达那么多的开发者。

因此,成功开展开发者关系项目的第一步就是开发者细分。细分对开发者关系项目来说至关重要,因为它聚焦目标受众,同时兼顾公司的发展目标,有效地规避了资源的限制。

开发者细分的下一步是创建目标开发者画像,推动开发者细分进一步落地。完成开发者细分和画像这两个环节后,我们将进入沟通阶段,即面向目标开发者,定制和传递产品的价值,以便帮助他们实现价值。

第 13 章　开发者画像

在完成开发者细分后，你就可以开始绘制开发者画像了。所谓绘制画像，就是将开发者姓名和面容等个性化要素与开发者一一对应，帮助你和你的团队对开发者形成一个更为直观的印象。

事实上，不仅开发者关系团队需要绘制开发者画像，产品团队和与开发者关系业务相关的所有利益相关者都需要对开发者画像进行了解，这样企业中的每个人才能时刻聚焦目标开发者。

清晰的开发者画像可以帮助你更好地推进产品开发、文档编写、沟通等工作，提升效率。开发者画像越具体，你的工作也会变得越容易。相比"我们的项目面向开发者"或"我们聚焦企业的应用开发者"等宽泛的表述，一个清晰的开发者画像需要更加明确具体，比如"在伦敦 ISV 公司工作，从事 Android 操作系统应用开发的 Tom"。

画像标准

由于存在技术复杂度和覆盖范围的不同，每个开发者关系项目所需要绘制的画像数量也会存在差异。一般而言，一个开发者关系项目需要绘制 3~4 个开发者画像。要想完成这一任务，除学习接下来的内容以外，你还将利用到第 12 章中所使用的开发者细分标准。

清晰的开发者画像需要包括如下信息：
- 名字（以及名字背后所代表的文化、年龄和性别）；
- 照片；
- 开发者的职称/职位；
- 他们服务的公司、从事的行业；
- 他们的技能；
- 他们的客户及用户场景；

- 他们对你的产品技术的掌握程度；
- 他们面临的难点和痛点；
- 他们的决策和影响范围；
- 他们获取开发技术信息的渠道；
- 他们对你所在公司及产品的认知；
- 他们对你的产品的兴趣点（能帮助他们解决什么问题）。

尽可能地用具体的数据或者数据范围描述每一个条目。除上述的画像要点以外，你还可以根据公司和产品的特点加入更多信息。

> **重要提示：**
>
> 你可能已经注意到，上述条目中没有包括诸如婚姻状况、音乐偏好等个人隐私信息。虽然这些信息对 B2C 业务的开发者细分和画像绘制或许也很重要，但过度关注这些信息会分散项目的注意力。此外，正如第 6 章所述，没有必要找到开发者的全部特征信息，因为它们中的大多数用处有限。

开发者画像框架

开发者画像可以用表格、象形图、画布等多种形式呈现。你可以根据项目需要，选择最适合的那种。

接下来，我们将介绍两个具体示例。第一个示例采用画布的形式，为你呈现单一的开发者画像。第二个示例采用表格的形式绘制开发者画像框架，帮助你对比多个不同的开发者画像。

开发者画布

如图 13-1 所示，用开发者画布呈现开发者需求，只需一张纸便可实现。我们可以针对每名开发者创建一页这样的画布。我们曾在办公室的墙上看见开发者 Mark 的画像被打印在画布上，公司的营销团队和产品团队看着这块画布，不断地询问自己：我们所做的事是"Mark"需要的吗？

接下来我们详细探讨画布的各个部分以及其中包含的信息。

画布左侧的第一列主要列举了开发者的个人信息，包括开发者的姓名、照片、常驻地、公司类型，以及职位。第一列，下方的专业技能主要指开发者使用你的技术所需要掌握的能力，如编程语言、框架平台、教育背景、专业培训、资格资质，以及学习途径。

画布的中间一列包括 4 个单元格。最上方的认知单元格主要衡量开发者对贵公司和产品的了解程度，包括他们的学习途径和加入的开发者社区。这些信息可以帮助你在组织开发者关系项目活动时，更好地选择对开发者具备吸引力的活动地点和方式。此外，了解他们所偏好的工具和编程语言同样可以为你的开发者培训和产品设计提供参考。

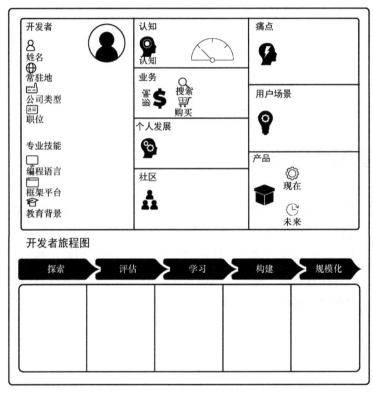

图 13-1 空白的开发者画布

业务单元格主要评估开发者对项目所提供的新的技术工具和产品的采购能力。这对于销售和营销部门同样至关重要。评估主要关注开发者对其所在企业两个方面的影响力：一是对企业技术市场洞察和技术发展趋势的影响；二是对企业采购决策的影响。

个人发展单元格主要关注开发者学习新技能的方式和地点，例如，同事间相互学习、在线自学、读书、参加行业会议或正式的培训课程等。

社区单元格将聚焦开发者参与的社区。参与社区的方式可以多种多样，包括积极参与、在线潜水、参加社区聚会和会议、贡献开源代码等。

画布最右的一列包括3个单元格。其中，痛点单元格需要列出开发者面临的技术痛点和所有他们想要解决的问题。这对于后续的信息编写和传播环节至关重要，可以帮助开发者关系项目与开发者之间产生共鸣。用户场景单元格描述了开发者如何使用你的产品来消除痛点，使得你向开发者传播的信息既具体，又有力。产品单元格既可以标记开发者正在使用哪些你的产品，也可以根据你对开发者的了解来预测他们可能对你的哪些产品感兴趣。

最后，我们以"Mark Smith"为例绘制出他的开发者画布。

假设我们的开发者关系项目采用如下的创新技术，在此基础上生成如图 13-2 所示的开发者画布。

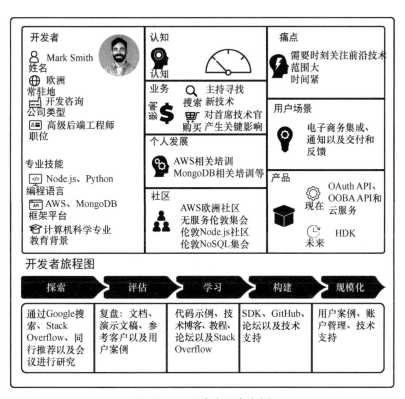

图 13-2 开发者画布案例

- OAuth API，使开发者能够轻松添加谷歌公司、Facebook 公司等第三方服务提供商的登录功能。
- 带外认证（Out-of-Band Authentication，OOBA）SaaS 产品，该产品为开发者提供 API，将 OOBA 集成到应用，协调 OOBA 流程的后端基础设施（如通过短信发送双因素认证码）。
- 特定功能的 HDK，包括一个参考设计板，可以帮助开发者对新设备进行原型设计。该 HDK 与一系列 SDK 配合使用，结合相应的编译器、调试器和分析器，可以帮助开发者优化应用。

开发者画像框架

采用表格的形式将帮助你更加方便地总结和对比不同开发者的画像。一个开发者画像框架通常可以呈现 3~4 个开发者画像。

表 13-1 呈现了一个真实的开发者画像框架，这一框架以上一节提及的创新性 SDK 为例，旨在帮助手机游戏开发者利用人工智能在游戏中创建实时沉浸式体验。

表 13-1 开发者画像框架案例

类型	Jackie 游戏开发者 大型游戏公司 蒙特利尔	David 高级后端工程师 代理公司 伦敦	Raj 首席技术官 创业公司 旧金山
公司类型、垂直行业及常驻地	财富 500 强企业	第三方开发代理公司，公司规模小于 100 人	创业公司，小型公司，A 轮融资
问题及痛点	工作非常繁忙，没有额外的时间；最后期限非常紧张；业务时间学习；人工智能方面的知识有限	需要保持领先优势；时间紧；客户要求苛刻	需要一个简单的、无缺陷的解决方案；资金有限

续表

类型	Jackie 游戏开发者 大型游戏公司 蒙特利尔	David 高级后端工程师 代理公司 伦敦	Raj 首席技术官 创业公司 旧金山
技术能力与经验	C++、Unity、TensorFlow、Java	移动端开发；特定平台开发（如：iOS/Android操作系统）；Python；AR经验；一些人工智能经验	曾在大型游戏公司工作；移动端开发；特定平台开发（iOS/Android操作系统）；TensorFlow；初涉VR和AR；专业的人工智能经验
用户场景：开发类型/产品	在Oculus上开发流行的VR游戏，希望通过人工智能使得游戏与环境的互动更加逼真	为客户提供定制工作（例如与游戏发行商签约，开发或移植部分或全部游戏）	开发企业场景方面的游戏，特别是医疗健康，对采用VR和AR感兴趣
决策影响力	在组织的最高管理层方面做出的决策较少，但开发者是一个影响因素；团队是在现有的核心游戏引擎的基础上组建的，对现有的/传统的技术有很大的依赖性，在技术采用方面的决定权很大	新技术的首席侦察员、关键影响者；由于他通常不受传统系统的约束，因此能够推荐新技术。鉴于后端系统的重要作用，David的建议往往决定了前端必须使用什么产品	决策者；由于产品仍在开发中，因此不受遗留系统的约束；随着需求或目标市场的发展，能够快速地调整技术
在哪里找到新产品的信息/个人开发	Unity通信组、TensorFlow论坛、Reddit网站、Unity Unite网站、F8、Stack Overflow、GitHub示例库、硬件供应商（如Oculus）网站、特殊兴趣小组	Google搜索、Stack Overflow、Android开发者、QDN	Google搜索、GitHub、SFVRCC、工业会议、特殊兴趣小组；行业联盟的会员资格

续表

类型	Jackie 游戏开发者 大型游戏公司 蒙特利尔	David 高级后端工程师 代理公司 伦敦	Raj 首席技术官 创业公司 旧金山
对我们及我们提供的服务的现有认知	是的/企业内容对我们有很高的认知，但开发者可能不了解我们的软件/工具	低	由于缺乏认知，目前还没有兴趣

小结

开发者画像是开发者细分的后续。一个充满个性的开发者画像可以帮助公司所有人"看到"项目的目标开发者，真正理解他们的需求。

充分搜集、整理、分析目标开发者的数据，不仅有助于项目营销和社区战略的制定，也有助于产品、开发者体验和开发者培训的优化。清晰的开发者画像能够帮助项目团队解决一系列的问题，包括项目在哪些城市和国家开展，需要参与哪些技术社区，需要参加哪些活动和会议，需要选用哪些供应商，需要怎样优化文档，需要什么示例代码，需要哪类成功案例，需要什么学习资料，以及目标开发者选用技术的动机和方式是什么。

在接下来的两章中，我们将分别探讨开发者旅程与开发者画像的关系，以及开发者画像如何帮助项目克服开发者沟通过程中的干扰，增加信息的针对性和影响力。

第 14 章　沟通

"让开发更简单!"

这是很多开发者关系项目的口号。虽然这句话听起来简单明了，但遗憾的是它并不奏效。

在第 12 章中，我们以产品为中心，试图寻找适合该产品的目标开发者。而本章的沟通则强调以开发者为中心，通过开发者细分和开发者画像判断什么样的信息能够真正推动开发者采用你的产品。

本章将探讨沟通的关键因素、渠道和方法，并对"沟通"和"传递信息"这两个概念进行区分，解释"让开发更简单!"这句口号无法奏效的原因。

沟通的定义

由于开发者关系的从业人员大多拥有技术背景，因此他们更容易对"信息"一词产生误解，因为在技术领域，信息通常指的是具体的 iMessage 或短信息技术。

而在市场营销领域，沟通指个人、组织或者团体向目标受众传递有关自身产品和公司的信息，以期发生相应变化的活动。这里的活动，不仅包括沟通的内容，还包括沟通的方式、渠道和时机。

沟通并非只存在于市场营销领域。

当你通过广告、社交媒体、博客或其他推广活动与开发者进行互动时，就需要对目标开发者进行沟通。比如在诸如黑客松等开发者活动上，参与人 T 恤上的标语往往传达了项目所期望传递的信息。

除开发者营销活动以外，开发者体验同样如此。在开发者体验环节，沟通更多的是指开发者关系团队与开发者所进行的更具技术深度的信息交互，这个过程往往以电子邮件、技术文档、视频教程和技术支持的方式进行。另外，产品本身也是沟通的重要载体。

可以说，开发者与开发者关系团队的每一次互动都离不开沟通。因此，不仅开发者关系业务要保证沟通的准确性和一致性，开发者关系的利益相关者也需要对此有充分了解。

沟通的关键因素

针对开发者的沟通不同于针对消费者或企业的沟通。实际上，开发者关系业务和传统业务之间差异巨大。本书第 5 章描述了两者在与目标客户合作方面的差异。本书第 8 章则详细叙述了两者商业模式的差异。正是这些差异决定了开发者关系领域沟通的特点。

在进行开发者关系沟通时，你需要考虑以下几个关键因素。

具备较强的针对性

"较强的针对性"非常契合开发者关系沟通的特点。此前我们曾提过，开发者不愿意成为被推销的对象，相反，他们更想快速了解产品对他们是否有用。因此，在沟通的过程中，你需要从开发者的角度出发，解决如下问题。

- 我们提供的技术产品类型是什么？
- 它有什么作用？
- 它如何简化或优化开发者的工作？
- 开发者为什么应该使用它？
- 为什么开发者应该选择你的产品而不是竞争对手的产品？

当我们回顾本章开头的口号——"让开发更简单！"时，就会发现，这个口号看似激动人心，却并没有回答开发者所关心的问题，因此它并不能有效地吸引开发者使用你的产品。好的信息固然需要简洁明了，但应避免使用抽象的概念描述产品的价值。相反，应该针对开发者痛点，具体阐述产品的功能和规格，凸显其核心优势。

选择恰当的语言风格

语言风格因人而异，可以是专业、严肃，也可以是幽默、极客或者前卫。

语言风格的选择并不固定，更重要的是适合你，并且能和开发者形成共鸣，与企业文化保持一致。

首先，开发者往往喜欢接地气的口语表达，对充满官话的沟通方式并不感冒。因此，你会发现在实际操作过程中，公司发布消息所采用的口吻与你和开发者进行日常沟通所用的口吻是截然不同的。这并不奇怪，相反非常合理。

其次，你还需要根据目标开发者的特点权衡语言的复杂性和可读性。留心现实生活不难发现，不同的品牌和产品所使用的语言风格截然不同，在阅读难度上存在显著差异。例如，《经济学人》杂志比《人物》杂志的阅读难度要高。从开发者领域来看，全球大约有75%的开发者拥有大学文凭，因此在沟通过程中，你所使用的语言既不能过于简单，也不能过于学术化，像难懂的学术著作一般。

最后，目前市场营销团队往往在沟通中越来越多地使用"你"这样的称呼。事实上，这一方法同样适用于开发者关系团队与开发者和社区之间的沟通。比起"我们值得信赖""我们拥有最好的工具"或"我们提供服务"这样的论述，你更需要从开发者出发，告诉他们为什么使用我们的产品会加速"你"的成功。

开发者并不关心你对自己的赞扬，而是关心你能为他们做些什么。第13章对开发者画像的介绍将帮助你更好地解决这一问题。只有这样，你才能直视着Mark的眼睛说："你可以放心地使用我们的产品来完成你的项目。"

关注重要决策者

除具备较强的针对性以外，你还应该关注目标开发者中的高层或中层决策者。当目标开发者来自于规模较大的企业时，这些决策者将决定你的产品是否会得到支持和批准。在面对他们时，你需要明确地传达出产品的特性，慎用抽象的表达方式。

同样，你还需要根据所传达的信息内容，找到正确的目标受众。项目在传递信息时，需要区分面向开发者和业务利益相关者的内容。随着产品的日益成熟，许多技术公司开始在官网上用不同的标志对网站内容进行分类，帮助来访的开发者或业务决策者更加方便地找到自己感兴趣的内容。很多公司往往有多个不同版本的企业简介，其目的就是为了增强企业和不同客户之间的相关性。为了明确信息所指向的人群，有些开发者网站甚至直接以"如何让你的经理批准"为标题。

选择时机，赢得信任

不轻易许诺，不掩盖问题是沟通过程中需要格外注意的两个方面。因此，你需要为你的目标开发者设定合理的期望。比如在面对开发者发布新产品时，先发布测试版本，避免正式版本出现问题对团队造成信誉上的影响。

为开发者雪中送炭是赢得开发者信任的最好方式。在此基础上，如果你能帮助开发者解决一些与你的产品无关的问题，将大大提高你的团队和公司在开发者社区内的声誉。一些具体的做法包括组织社区聚会或行业会议、在黑客松活动中帮助开发者解决其他方面的技术故障、撰写书籍、贡献开源项目等。

如果你的业务属于 B2C 或 B2B 范畴，最好避免发送过多的消息。尽管增长黑客理念告诉我们，开发者关系项目需要借助社交媒体、广告导流和内容营销等方式向开发者传递信息，但不计其数的自动邮件只会让开发者感到厌烦。此前在介绍商业模式的章节中我们提到，开发者的技术采用周期比较长，强行地向他们推荐产品只会适得其反，把目标开发者推向你的竞争对手。

选择合适的时机并正确地使用上述方法将有效地实现信息的传播。例如，在目标开发者报名注册活动后，你需要等待两天，再向开发者发送产品的入门指南会更加合理。为了达到更好的效果，你还需要了解开发者在开发者旅程（见第 15 章）中所处的阶段，思考沟通如何帮助他们进入下一个阶段。

开发者旅程各阶段的沟通特点

如图 14-1 所示，开发者旅程的不同阶段只有具备与其相匹配的沟通特点，才能确保信息的针对性和相关性。例如，在探索阶段，传递的信息更多偏向于争取合作机会；在评估和学习阶段，传递的信息主要是产品的技术资料；当开发者进入规模化（商用）阶段，将向两类人群传递信息：一方面，向项目开发者表示祝贺；另一方面，向同类开发者展示这一成功案例。

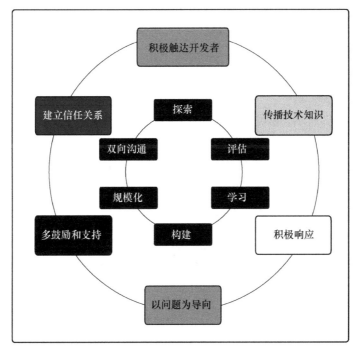

图 14-1　开发者旅程各阶段沟通特点

建立沟通反馈机制

建立开发者关系工作各个环节的反馈机制至关重要。这意味着你需要为开发者提供反馈渠道，解答他们的疑问，了解他们对产品的满意度，这包括与开发者直接交流，定期收集他们的需求（开发者需求会不断变化），询问他们对沟通方式和产品的意见。你可以通过社交媒体、电子邮件、定期调查、焦点小组、面对面访谈或网站问卷等方式来收集反馈。

开发者沟通框架

了解完沟通的核心因素，准备好开发者画像，你就可以针对项目进行沟通了。此时，你还需要考虑沟通的各个组成部分，包括：

- 语言风格（如前所述）；
- 精彩故事、成功案例和光环效应；
- 功能关键词；
- 价值关键词；
- 差异化优势；
- 关键陈述。

如图 14-2 所示，你可以把上述各个部分当作标题，编写属于你的开发者沟通框架。沟通框架既可以实现沟通的一致性，也可以当作后续沟通工作的重要参考。如果你来自规模较大的公司，参与开发者关系项目的人员较多，将很难实现沟通的一致性。此时，沟通框架将极为有益。

	画像1	画像2	画像3
语言风格			
精彩故事、成功案例和光环效应			
功能关键词（1~3）			
价值关键词（1~2）			
差异化优势（1~3）			
关键陈述（1~3）			

图 14-2 开发者沟通框架

精彩故事、成功案例和光环效应

想要在沟通过程中凸显产品与众不同，可以为你的产品附加一个精彩的故事，给产品添上其独有的光环。相比平铺直叙的产品介绍，包含真挚情感的故事往往更加令人难忘，例如惠普公司诞生于车库，脸书公司诞生于大学校园的故事。你可以尝试挖掘自己所在公司的有趣故事。

实践中，你还可以以财富 100 强或其他重要客户的成功案例为例，讲述你的产品如何成功地解决行业问题。这些案例不仅是案例研究的第一手资料，也可以帮助你更好地进行沟通。这些故事将推动相同行业或存在类似问题的公司选用你的技术。

广为人知的故事或案例还会产生"光环"效应，帮助你的产品在其他行业实现推广。

沟通关键词

沟通关键词核心在于介绍你的产品。沟通关键词与 SEM 或 SEO[①]关键词完全不同，但在许多情况下，也会成为 SEM 和 SEO 策略的重要参考。

沟通关键词有两种形式，分别为功能关键词和价值关键词。虽然两者都很重要，但由于功能关键词更加贴近实务，便于帮助开发者判断是否采用你的产品，因此沟通中有 80% 的词属于功能关键词。

功能关键词（占 80%）

功能关键词包括两部分：一部分是你在进行开发者细分时使用的词；另一部分是产品的基本信息。它们非常实际，注重对事实的描述。只有清楚地呈现产品的技术规范，才能让开发者知道你提供什么，以及他们如何使用你的产品。

如果你的产品是机器学习建模工具，你必须向开发者清楚地说明它的特点。如果你的工具仅适用于 Android 操作系统的开发者，也必须直接向开发者说明，否则将会让 iOS 操作系统的开发者白白浪费时间。功能关键词是开发者的重要参考，可以帮助他们对焦自身需求和产品供给。在整个开发者旅程中，你都需要不断地使用这些词，确保沟通的准确和透明。

价值关键词（占 20%）

价值关键词描述你的产品可以为开发者做什么。价值关键词需要尽可能地使用描写性的语言，辅之以真诚的态度，同时还可以参考开发者画像上的痛点单元格和用户场景单元格。

[①] SEM（Search Engine Marketing）指搜索引擎营销。SEO（Search Engine Optimization）指搜索引擎优化。——译者注

回顾本章开头的口号——"让开发更简单！"。这个口号不仅没有回答开发者的问题，反而引发了更多的问题，比如它没有定义清楚：项目让哪种类型的开发更"简单"，开发过程的哪一部分变得更"简单"，"简单"指什么，是什么让它更"简单"了。因为开发者倾向于使用他们熟悉的开发工具，因此你需要详细地介绍你的产品。

差异化优势

在沟通中凸显差异化优势同样非常重要。差异化优势建立在产品和公司的价值主张之上，是产品的独特卖点或"秘密武器"。你需要思考自己相对于其他竞争厂商的优势，涉及产品、服务、过程或产出等多个方面。差异化优势将使目标开发者对你更有信心，推动他们购买并学习使用你的产品。在传递差异化优势的过程中，数据胜于雄辩，你需要用数据证明你的主张。但从服务于通信客户端的 CPaaS 市场来看，行业领先的 6 家供应商都在重复地向市场上传递同质的信息，缺乏相应的数据支持，一味简单地强调自身的简易、安全和可靠。

开发者关系业务与传统的市场业务有许多相似之处，比如许多公司都在提供同质产品，传递类似的产品信息。在这种情况下，你需要在产品服务上做文章，比如提供极致的开发者体验、详细的技术文档、全面的技术支持，或者行业领袖的背书等。

当然，无论你使用哪种沟通方式，也不管开发者是否了解你，把产品做出来才是关键。

开发者不在乎你说你有多好，他们在乎的是你能为他们做些什么。

关键陈述

当你确定了沟通的关键词和语言风格，梳理完成功案例，接下来要做的就是将关键词转换成可读的文本。通常，根据不同的业务场景，你需要准备长度不等的文本，如 10 个字以内的短文本，或者 25 字以上的长文本。

如果你不确定所选用的关键词是否准确，文本是否可行，不妨问自己一个问题："这对开发者意味着什么？"如果不能回答这个问题，那么你需要重新思考。

小结

沟通是开发者关系项目的重要一环,发生在项目的具体活动前。市场营销团队和所有与开发者关系业务相关的团队都应在沟通上保持一致。在制定沟通方案时,你需要参考开发者画像,牢记沟通的核心因素。

第 15 章　开发者旅程

本章将介绍开发者旅程图的含义及其使用方法。

任何伟大的旅程都需要一幅标有明确目的地和路线的地图。开发者关系业务同样如此。随着开发者的技术影响力和决策权日益增大，我们需要以开发者为中心，记录他们从首次接触技术产品到大规模应用技术的全过程，绘制出一张属于开发者的旅程图。只有构建了开发者旅程图，我们才能在各个旅程阶段，尽可能地提升开发者体验，实现目标。

开发者旅程图的含义

开发者旅程图与用户旅程图类似，即以图像的方式呈现开发者在不同阶段所应采用的理想路径或应当享受的开发者体验，从而丰富开发者与企业、团队和产品的互动。开发者旅程图将帮助你**以开发者的视角**全面地思考如何提升开发者体验。

在此我们将提出一个新的概念——触点。触点是开发者关系团队与开发者互动的环节，也是开发者旅程的关键节点。触点的作用在于它以直观的方式展现了**开发者在各个阶段的互动方式、互动对象及其相应的感受和反馈**。在开发者旅程图上标注这些触点将有助于你发现问题，从而为开发者创造更好的体验。

开发者旅程的各个阶段

典型的开发者旅程包括 5 个关键阶段，分别为**探索、评估、学习、构建和规模化**，如图 15-1 所示。

图 15-1 开发者旅程的各个阶段

在开发者旅程的不同阶段，开发者的意图和行为呈现显著差异，同时，各个阶段的时长并没有统一的标准。

如果项目的体验足够好，开发者也全力投入，那么开发者甚至可以在一天之内完成前 3 个或 4 个阶段。相反，如果开发者一直找不到合适的应用场景，那么技术的采用周期可能长达一年。当然各个阶段的时长也受技术产品本身的影响，比如开发者了解和应用 API 的周期一般比 SDK 或 HDK 来得要短。

同时，由于开发者技术成熟度和对产品的了解程度存在差异，他们并不一定在开发者旅程的"探索"阶段与你互动。你很可能在第一次就面对已经进入"评估"阶段的开发者，直接向你索要产品的《快速入门》手册。实际上，一个良好的开发者体验需要确保开发者能够以最短的时间从网站首页了解你的产品功能，找到他们所需要的资料。因此，你需要了解开发者在手机、平板电脑或计算机上寻找信息的方式，以便更好地呈现有关信息。

当然，一些已经采用了项目技术的开发者，为了提升其所开发应用的质量和性能，同样会找到你，探讨优化技术的方法，或者寻找更多技术的应用场景和功能。这样的开发者会直接在"构建"阶段与你联系，但是从开始优化应用到完成上线可能还需要一年多的时间。

好的触点能够及时反应开发者需求，做到雪中送炭。

根据开发者旅程各阶段的特点，我们绘制了开发者旅程图，如图 15-2 所示。这张图详细列出了开发者在各个阶段存在的需求及其期望达成的目标。只有当开发者完成所在阶段的目标，才会顺利进入下一个阶段。因此，为了推动开发者关系的顺利进行：一方面，你需要在每个阶段成功地解答开发者所关心的 3 个问题；另一方面，不断优化各个"触点"的开发者体验，帮助他们顺利实现阶段目标。

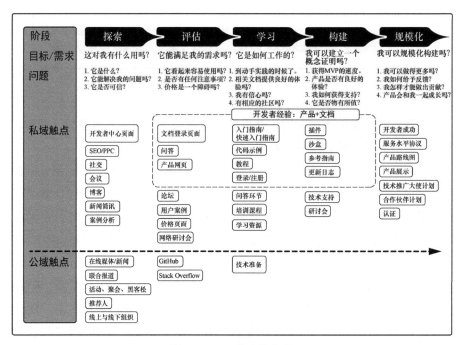

图 15-2　开发者旅程图

开发者旅程的触点

如前面所述，触点是开发者旅程图的重要组成部分，也是开发者关系团队与开发者互动的关键节点，涉及产品、营销、销售和技术支持等多个方面，关乎开发者对你所在企业、团队和产品的评价。触点主要分为两类——私域触点和公域触点。

私域触点

私域触点主要是企业能够掌控的渠道和内容资产。由于这两个方面由企业所掌控，因此你可以决定私域触点的内容、目标，以及借助私域触点解答开发者疑问的方式，帮助其实现目标。

典型的私域触点包括企业官网、文档、广告、社交媒体宣传、示例代码、技术支持和产品本身。

公域触点

公域触点与私域触点不同，主要分布在企业外，不受企业控制，但它们同样是触达已有开发者和潜在开发者的关键资源和渠道。很多时候，你需要借助这些渠道曝光你的品牌和产品，提高自身知名度，引发正面舆论，以获得开发者对你产品的支持，提升技术的采用率。

典型的公域触点包括媒体、行业分析师、博客、第三方社区和论坛，以及其他各方组织的聚会和会议。我们将在后面的章节中对此详细介绍。

注意点

开发者旅程图共涵盖了 42 个常用和典型的公域触点及私域触点，非常全面。当然，如果你的工作还涉及其他触点，欢迎补充。

根据开发者旅程各个阶段的特点，我们对触点进行了分类，帮助你在不同阶段选择合适的触点，以便更好地呈现信息。同时，由于一些触点适用于多个阶段，我们将其放在了首要位置。当然，你可以根据项目实际情况做出调整，不必拘泥于我们的例子。

开发者旅程图类似于一个工具箱，你需要根据产品特点、公司类型和开发者的需求，选择合适的工具，灵活使用。

我们建议你制作一个属于你自己的开发者旅程图，不断更新，帮助你更好地满足开发者需求。

开发者旅程图的精彩之处在于：它既可以协助开发者关系进行宏观或战略层面的规划，也可以应用于开发者关系微观或战术层面的操作细节。开发者旅程图在微观层面的应用将在第 23 章中详细说明。

开发者旅程的主舵手

毫无疑问，开发者关系团队是开发者旅程的主舵手。毕竟开发者旅程图围绕的核心对象便是开发者关系的客户——开发者。开发者关系团队有责任和义务在企业内传递开发者的"声音"，提高公司对开发者需求的重视程度。本书的图 2-3 体现了开发者关系团队作为企业信息枢纽的重要作用。

开发者旅程由多个涉及不同业务的阶段所构成。这意味着开发者关系作为主舵手，其工作也将涉及众多领域，包括品牌、营销、产品、研发、销售、技术支持等。开发者关系团队所在的企业，由于组织结构和业务成熟度的不同，也将对开发者关系的工作产生一定影响。举例来说，在规模小、成熟度低的企业，经常出现一个人同时负责多项业务。而在规模较大、成熟度更高的企业，各项业务由专门的团队负责，每个团队都会有自己的优先级和想法。此时，开发者关系团队想要真正打造一个高质量的开发者旅程，就必须善于同各个团队和利益相关者建立良好关系。第10章和第27章介绍了合作过程中开发者关系可能面临的挑战。

检验开发者旅程图

在开发者关系项目的前期绘制开发者旅程图，定期回顾并测试其有效性，将帮助你解决开发者旅程中的障碍。你需要保持高度聚焦，及时发现各个阶段开发者可能遇到的问题，并不遗余力地解决它们，凸显你的核心竞争优势。一个具有价值的技术产品，附加上流畅、无缝的开发者体验，将极大地提升你在开发者社区中的声誉。

通过以下3种方法，你可以从定性和定量两个方面研究开发者旅程中可能存在的问题。

1）通过社区征求反馈意见。

大多数开发者非常愿意提供他们对开发者关系项目的反馈。你唯一要做的便是询问他们，为他们提供反馈的渠道。例如下面这些措施。

- 建立官方渠道，定期搜集开发者的反馈意见。
- 在网络社区中发放调查问卷。
- 在活动期间对开发者进行访谈，直接向他们提问："我们做得怎么样？""我们怎样才能做得更好？"
- 定期安排问答环节以便与开发者交流。
- 主持开发者焦点小组。
- 查看你的支持率。

2）撰写问题日志。

问题日志主要记录项目过程中的问题，帮助你用开发者的视角，切身体会开发者旅程，检验项目的有效性。你可以通过如下 3 种方式识别问题所在。

首先，围绕开发者画像修正你的开发者旅程图。无论你的开发者旅程图是在项目开始前绘制的，还是针对已经进行的项目，都需要借助开发者画像，思考"Mark"或"Jackie"会在开发者旅程的哪个阶段与你联系，你需要为他们提供哪些资料或服务。

其次，定期邀请陌生开发者对网站和产品进行盲测，收集他们对产品和服务的"第一印象"。与此同时，你还需要为开发者提供一些可访问的 URL 或搜索引擎搜索关键词，比如品牌、产品名称、产品类别、用户场景等，邀请他们体验并记录对开发者旅程的感受。只有将开发者旅程图付诸实践，才能确保这一工具不仅仅只是理念。

最后，如果开发者对第一个触点的印象是负面的，那么他们很可能不会在开发者旅程中走得很远。此时，撰写问题日志将有助于你填补开发者旅程的坑坑洼洼，如缺失或错误的文档、存在问题的产品、不清晰的信息，以及缺乏及时性和有效性的技术支持等。当然，你还可能在这个过程中发现项目的亮点！

3）旅程数据测量和评估。

同样，了解网站和产品的使用情况非常重要。在这个过程中，你需要建立开发者中心以及产品的数据收集和分析机制，例如使用 Google Analytics、Mixpanel、Marketo 等分析工具。详尽的数据分析有助于你了解开发者的选择过程，分析他们放弃开发者旅程的原因，进而采取合适的解决方法。更多信息参考第 26 章。

消除团队偏见

不识庐山真面目，只缘身在此山中。开发者关系团队在与开发者的互动过程中，尽管抱有最好的期望，却也很难摆脱偏见。

这里的"偏见"体现在许多方面，例如人们倾向于根据自己的观点寻找信息（确认偏差），将错误归因于外部因素（自利偏差）或刻板印象（基本归因错误）。此外，对于常见的业务问题，人们往往倾向于忽视问题产生的条件，利用自己的一般经验做出判断（概括化）。

当你身处项目内部，很容易"只见树木不见森林"，这是人类的天性。一般而言，团队很难主动承认自己的项目存在问题，不愿对其进行修正。因此，你需要积极引入项目外部专家的意见，比如询问企业内其他产品线的想法，或参考企业外行业专家的建议，将他们的意见与你的项目结果对照。当然，你还可以用客观的数据和理性的分析方法找出问题。

提高利益相关者参与度

在搜集开发者反馈及相应的数据后，你还需要在企业内举办跨部门研讨会，以提高利益相关者对项目的了解程度。在这个过程中，你需要实现两个目标：一是确保所有利益相关者了解项目进展；二是推动有关部门一起合作，发现并解决潜在问题。

你还可以邀请现有开发者或目标开发者参加研讨会，毕竟没有谁比开发者本人更清楚他们想要什么。把开发者当作团队的一部分会让他们觉得自己受到重视，但也可能使他们怯于表达自己的想法。此时，你需要说服他们直言相告，唯有这样才能触及项目的潜在问题。

小结

开发者旅程图是推进开发者关系项目的重要工具。

它既可以记录开发者旅途中开发者的活动和体验，也能指出影响现有开发者或目标开发者的关键触点。

你需要持之以恒，不断优化项目目标，解答核心问题，推动开发者向下个阶段迈进。事实上，大多数开发者关系项目在规模化阶段才会产生相应的收入。你需要具有耐心。

开发者旅程图还能帮助你提升开发者体验，开拓市场。开发者旅程图并不是一成不变的，相反，它与时俱进，能够及时根据产品的发布或更改做出调整，发现问题，帮助开发者更快、更好地从探索阶段过渡到规模化阶段。

当然，你还需要借助开发者画像分析你的核心目标开发者，思考"Mark"或"Jackie"该如何找到你的门户网站，以及在开发者旅程中，他们的需求是什么。

接下来，我们将深入探讨开发者旅程的各个阶段及其相应的触点，帮助你打造更好的开发者旅程。

第16章 探索阶段——这个开发者关系项目对我有用吗

从开发者尝试了解你的那一刻开始,他们就进入了开发者旅程的第一个阶段——探索阶段。在探索阶段,开发者希望解决的问题是:**这个开发者关系项目对我有用吗?** 此时,开发者关系的任务是尽可能迅速地解决这个问题,推动开发者进入下一个阶段。

在本章中,我们将从开发者出发,思考他们寻找技术产品的方式,以及在此基础上,你该如何有效地组织开发者营销活动,提升自身产品的知名度,带领开发者进入评估阶段。

虽然本书针对的人群主要是开发者,但在实际中,探索阶段的参与者不只有开发者,还包括产品或技术经理。他们同样会从自身的视角和需求出发对你的产品进行评估。产品或技术经理在进行评估时,既可能与所在企业的开发团队沟通,也可能独立决策。在这里,我们将涉及参与开发产品决策的人群统称开发者决策单元(Developer Decision-Making Unit,DDMU)。

我们不主张一味地迎合产品经理等非技术人员,因为这会损害开发者的体验。但我们还是建议你兼顾技术领域以外的内容,比如积极回答其他决策者所关心的问题,促使他们共同做出决定,采用你的产品。

认知度和触达度

触达指开发者关系团队吸引开发者关注产品的过程,这通常属于开发者营销的范畴。在探索阶段,开发者与你产生**第一次接触**。此时,你需要确保开发者对你的产品产生积极的印象,只有这样才能促使他们迅速做出决定,进一步深入了解你的产品。

你可以通过多种方式让开发者了解你的公司和产品,比如广告、博客、他人的背书或粉丝见面会等。

通过上述方式,开发者可以初步了解你的产品。他们将了解如下信息。

- 你提供什么产品?
- 你的技术产品是否与他们现有的技术栈兼容?
- 你的技术是否可以解决他们当前的问题?
- 你的信用度如何?有成功案例吗?

你的回答以及在此过程中所留下的印象将帮助他们决定是否进一步了解你的产品。

探索阶段的触点

由于实现触达的方式多种多样,不同的触点都有其独特之处,因此我们很难将它们全部列举在开发者旅程的框架中。但成功的触点都有一个共同的特点——它们都建立在对目标开发者的清晰理解之上。

此前,我们介绍了如何通过开发者细分确定你想要触达的开发者类型(见第 12 章),随后介绍了目标开发者画像的绘制方法(见第 13 章)。当你对目标开发者有了清楚的认识后,就可以选用合适的沟通方式吸引并解答他们的疑问(见第 14 章)。

在第 15 章中,我们曾提到实现触达的方式(即触点)共有两种:一是私域触点,即自有渠道和内容;二是公域触点,即外部渠道和内容。我们将通过一些具体的例子进一步阐述。

私域触点指你可以直接控制或影响的渠道或内容,以此不断提高产品的知名度,让更多开发者进入开发者旅程中,例如下面这些方式。

- 搜索引擎——搜索引擎优化和付费广告。
- 内容营销——包括社交媒体、博客、邮件订阅、网络研讨会等。
- 自己组织的活动。

公域触点是指那些无法完全控制,但可以间接影响的渠道或内容。这些渠道或内容同样有助于提高你的声誉,例如下面这些方式。

- 他人所撰写的关于产品的博客或文章。
- 有关公共关系活动的媒体报道。

- 对产品评价相对正面的研究报告。
- 产品搜索网站，如 Product Hunt、G2 等。
- 在线开发者社区和资源。
- 他人举办的活动——你的团队或其他人在活动上讨论你的产品。一般这类活动以面对面或在线的形式进行，如会议、聚会、黑客松等。
- 朋友/同行的推荐。

探索阶段的常用触点

由于你的预算或人手可能有限，因此聚焦合适的触点非常重要。根据 Developer Media 的研究、客户反馈及观察，我们选择了如下几种渠道。

搜索引擎

在线搜索是开发者寻找新技术产品的首要方式。谷歌公司是在线搜索领域的最大供应商，它控制了超过 80% 的搜索流量。为你的产品设立合适的在线搜索关键词至关重要，主要有 3 种方式。

- **搜索引擎优化（SEO）**——你需要在企业的产品网站上设置正确的关键字和元数据标签，确保谷歌公司的搜索引擎索引你的文档，让开发者第一眼就能看到你。
- **付费搜索**——付费搜索主要针对网络搜索竞价排名。在许多关键词上，你都需要与其他企业争夺产品在搜索结果页面的展现率，这些关键词包括公司和产品名称、目标开发者的常用搜索关键词，以及竞争产品信息。当然，你也可以考虑在其他社交媒体平台上植入产品广告。但有一点值得注意，开发者经常使用广告屏蔽软件，所以你需要在植入广告前做好功课，避免你的广告被开发者屏蔽。
- **内容策略**——内容策略主要指以博客、白皮书、视频等形式分享有关产品的信息，从而吸引流量、增加开发者对产品信息的关注度、推动开发者成为你的技术使用者、塑造行业影响力和领先地位，以及提升技术产品在搜索结果页面的曝光度。

同行推荐

开发者更愿意参考其他开发者对某个技术产品的反馈意见，寻找他们想要的答案。因此，如果你的产品成为同行推荐的对象，将极大地帮助你拓展产品的知名度。同行推荐的方式有许多种，除开发者之间一对一的交流以外，还包括开发者在网络社区、编程网站和平台上的推荐，如 Slack、Discord、Subreddits、Stack Overflow、GitHub、Code Project 等。一方面，你需要借助开发者画像，确定产品的目标开发者，以此找到合适的社区或平台；另一方面，确保你的开发者关系团队积极参与开发者社区的讨论，收集他们对产品的意见和反馈。

技术推广大使

开发者走进开发者旅程的第一个触点时，通常会直接面对开发者关系团队，与团队的技术推广大使进行面对面的交流或网络沟通。此时，第一印象是开发者继续深入了解产品的关键。因此，每个有可能与开发者联系的人都需要对技术产品进行深入了解，掌握沟通的方法、鼓励开发者采取必要的行动（Call to Action，CIA）。团队采用首问责任制并且团队成员有权并愿意对任何反馈或问题负责，因为他们都是潜在的技术推广大使。

所有这些初始活动的典型 CTA 是鼓励开发者访问你的开发者中心。如果你做得很好，你需要为接下来的事情做好准备。

开发者中心

当开发者与你第一次接触时，你需要尽快让开发者访问开发者中心页面，确保他们获取官方的产品信息，避免其受到其他非官方内容和渠道的影响。当然，如果你成功地引起了开发者的兴趣，他们会主动回访，并进一步深入了解技术产品。

如何在网络上清晰地呈现开发者中心链接是**开发者旅程的重要环节**。

开发者进入开发者中心页面的方式多种多样，但并非所有方式都是理想的。

- **预存的开发者中心链接**——通常，为简单起见，这是你的默认页面。然而，根据项目具体内容定制开发者中心页面同样非常重要。因为很多开发者中心页面内容庞杂，与其放任开发者随意点击他们感兴趣的内容，不如对开发者关系页面进行合理规划，引导他们与你互动，提高转化率。
- **借助搜索引擎找到的开发者中心链接**——通过搜索引擎，开发者可以找到你的开发者中心，但搜索结果也存在不确定性。
- **同行推荐的开发者中心链接**——同行推荐的开发者中心链接会存在一定的问题，比如链接并不指向官方页面，甚至页面过时或不存在。一个好的内容管理系统（Content Management System，CMS）能够帮助你避免此类问题。
- **从公司主页导入的开发者中心链接**——如果你在一家开发者+企业工作，那么开发者很可能通过企业官网寻找开发者中心页面。此时，你需要在企业官网上清楚地呈现链接，以加速这一过程。
- **直接输入域名进入的开发者中心链接**——你可以将开发者中心页面设置成标准域名，这样一来开发者仅需要直接在浏览器的地址栏中输入域名便可访问你的界面。

上述所有情境对营造良好的开发者旅程都是至关重要的，它们决定了开发者对技术产品的第一印象。一般而言，开发者对开发者中心的判断只需要 50ms。你必须在短短的 50ms 内尽可能给开发者留下良好的印象。因此，你需要尽可能地让开发者中心页面的呈现方式切合开发者的需求，而不是其他人。

当然，你还需要在所有开发者营销活动上附上你的链接，并且打磨链接的内容，确保链接所呈现的页面与你正在推广的活动或项目息息相关。除此之外，你还需要统计这些活动对网站流量和转化的贡献。

当开发者访问开发者中心页面时，你需要尽快让他们了解产品的用途，解决他们的疑问，打消疑虑，帮助他们得出结论：你的产品值得深入了解。

在开发者中心页面上，你需要尽可能地使用平实的语言、公认的技术，并做出可实现的承诺。我们建议你通过简单直接的短语来描述产品的功能和使用方式。与此同时，你需要时刻关注你的竞争对手，以及他们定位产品的方式，只有这样才能确保你的产品具有独特的竞争优势。具体内容可参考第 14 章。

如果开发者在你的页面上多待了几秒,那么恭喜你,你已经成功地引起了他们进一步了解你的产品的兴趣。

可信度

当开发者希望深入了解你的产品时,他们会开展一些桌面研究,比如重新审视你的产品页面、查看你的案例研究。案例研究能够告诉开发者你的产品是否具备实用性,毕竟所有开发者都不希望自己成为一项新技术的实验品。当然,他们还会尝试判断你的技术产品是否会继续更新和维护。

在探索阶段,开发者还会通过一些外部渠道了解你的产品,对技术质量、运行效率等产品特性形成客观的判断。这些外部渠道多种多样,包括博客、社交媒体、Stack Overflow、GitHub、Product Hunt、Hacker News 等。除此之外,开发者也会直接与同行沟通,获取他们对技术产品的反馈。

以下是一名开发者对新技术产品的看法:

尽管公司 X 所提供的这项全新的技术非常棒,但当我们在 GitHub 上寻找有关该技术的反馈时,却发现使用这项技术的开发者并不多。除此之外,这项技术只有两个贡献者,评分仅为 201 颗星。因此,我的建议是三思而后行。与之形成鲜明对比的是,公司 Y 拥有大约 1 500 名贡献者,评分高达 20 500。

由于开发者是一群技术背景丰富的人群,因此产品网站的可用性、外观、导航、反应速度、加载时间等因素都会极大地影响开发者对你的产品第一印象和竞争力的判断。

为了让开发者对你的产品或技术更加信任,你需要解决如下几个问题。

- 开发者对我们的技术产品是否熟悉?
- 外包公司是否支持我们的技术?
- 当开发者遇到问题,我们能及时提供帮助吗?

你或许认为自己所提供的技术非常出色,但对开发者来说,采用全新或过于老旧的技术都是一个商业风险很大的行为,因为这些技术缺乏开发者社区的支持。

新技术总是非常不稳定，并且容易受到外在环境变化的影响。而老旧的技术则容易被抛弃。如果技术缺乏开发者社区的支持，也就意味着如果你在使用技术的过程中遇到瓶颈，很难有其他经验丰富的开发者为你提供技术支持。例如，JavaScript 作为全世界最受欢迎的编程语言（全球 67%的开发者使用该种语言），连续八年排名第一，在此基础上，其社区也变得越来越庞大。相反，在 2007 年一度突破前十的 Ruby 语言，却不断走下坡路，目前只有 7%的开发者使用该种编程语言。

因此，无论开发者是因为良好的第一印象使用你的产品，还是基于他们所在企业的规定，你都需要确保产品契合他们的需求。如果你在其中的任何一个环节无法达到他们的标准，开发者将会一去不返，甚至将他们的负面评价分享给其他开发者。

小结

探索阶段是开发者与你产生互动的第一个阶段。在这个阶段，你需要在推广项目或产品的过程中尽快回答他们的问题——项目对我有用吗？一旦开发者浏览了你的开发者中心页面，解决了他们的疑问，并认为你是可靠的，那么他们将尝试进一步深入了解你的产品和项目。

在第 17 章中，我们将关注开发者体验，了解如何制作各种开发者关系文档，以及它们对开发者旅程评估、学习、构建阶段的重要意义。

第 17 章　开发者体验——产品和文档体验

一旦你的技术得到开发者的信任，那么他们将愿意继续深入了解你的产品，测试技术的可行性，从而进入开发者旅程的评估、学习和构建阶段。

然而，在介绍这 3 个阶段前，我们还需要对开发者体验有一定的了解。开发者体验对开发者旅程的成功至关重要。本章将重点讨论开发者体验的含义、组成部分及其重要性。

开发者体验

开发者体验（Developer Experience，DX）的定义：

开发者体验是指开发者使用开发者关系项目所提供的产品和文档时的感受。

在图 15-2 中，我们在开发者旅程的评估、学习和构建 3 个阶段下，用虚线圈出了开发者体验的主要触点。

在推动开发者**从技术参与阶段过渡到技术应用阶段**的过程中，提供良好的开发者体验是其中的关键。**过渡的过程也被称为激活（onboarding）**。在第 8 章介绍的开发者关系的商业模式中，我们曾指出：技术应用是开发者关系项目的最高目标，这意味着开发者离开试验阶段，进入商用阶段，此时开发者也将真正为你的产品付费。

事实上，开发者关系极为复杂。想要做好这份工作，你需要掌握一系列的能力。其中重要的一项就是提供良好的开发者体验。如果你的产品很难安装，或者使用门槛较高，那么无论你的产品推广做得多好，吸引的开发者再多，也无济于事。只有为目标开发者提供平稳舒适的开发者旅程，才能真正让他们为你的技术产品所吸引。我曾参与塞班操作系统的推广工作，当时最大的难题便是系统背后复杂的编程框架和繁重的认证程序，这让很多开发者望而却步。事实上，当时苹果公司的 iOS 操作系统和 Android 操作系统同样如此，但它们不断简化程序，降低学习门槛，于是越来越多的开发者采用了这些技术。

当然，你无法提供一个完美的开发者旅程，但至少需要比同类产品做得更好。

—— Rod Burns

代码游戏软件公司副总裁

Inmarsat、WIP、Marmalade 和 Symbian 前开发者关系团队负责人

良好的开发者体验是项目差异化优势的重要组成部分，可以推动开发者采用你的技术产品。许多像 Stripe 一样的开发者企业几乎将全部的重心放在开发者体验上，很少进行开发者营销。

然而实际情况却是，开发者关系团队很少意识到开发者体验的重要性，也并不了解该如何提供良好的开发者体验。事实上，即便你投入了大量资源进行开发者营销，成功吸引了众多开发者关注你的技术产品，一旦你无法满足他们对开发者体验的期望，也将迅速失去他们对你的兴趣。

在开发者第一次尝试深入了解，甚至亲自使用你的技术产品时，他们已经做好了准备，而你准备好了吗？

产品体验

产品体验是开发者体验的重要组成部分。尽管开发者关系团队并不直接负责产品的研发，但同样会对产品体验的好坏产生重要影响。

开发者关系团队可以利用多种方式为开发者提供良好的产品体验，主要通过与产品团队的合作实现，具体如下。

- 充当信息枢纽。如图 2-3 所示，一方面，开发者关系团队需要及时向开发者介绍技术产品及其更新版本；另一方面，需要将开发者的声音及时反馈给产品团队。
- 与产品团队合作，共同绘制和应用开发者画像，确保产品团队围绕目标开发者进行研发。
- 鼓励产品团队在开发工具/产品中内置信息采集和分析功能，找出开发者在应用产品技术过程中遇到的困难和挑战。

- 在规划产品战略时，充分考虑开发者社区的需求。同样，在这个过程中，你还需要思考产品技术的重大变化对社区有何影响，以及如何帮助他们适应这一变化（如更新系统版本、采用最新的 API、执行系统迁移等）。
- 跟进开发者社区反馈，把握市场趋势。
- 积极与产品团队沟通，解决有关开发者体验的问题，并在必要时争取企业高层的支持。

文档体验

文档体验是开发者体验的另一个重要组成部分。这里的文档主要是供开发者参考的技术细节文档，可以帮助开发者深入了解你的产品以及如何利用你的技术开发应用。

如果你的文档清晰、简洁、易懂，那么将为开发者留下良好的第一印象，让他们对你的产品持有更加积极的态度。同时，你需要避免随意地对开发者的知识储备做出判断，尽可能地为开发者提供全面的产品技术信息，提升文档的简洁度和可读性。一些开发者关系项目甚至会邀请大学老师加入他们的团队，通过一系列的培训帮助团队以更加清晰易懂的方式为开发者呈现有关信息。

文档主要指技术产品的安装向导、参考指南（帮助开发者解决有关编程语言和框架的问题）、使用过程中的常见问题、示例代码、入门指南、培训手册和版本变更记录等。

当然，为了尽可能覆盖更多的人群，你需要确保文档、示例代码或者培训手册能够为使用不同编程语言的开发者所用，帮助他们顺利找到需要的文档。

常见的文档类型如图 17-1 所示。

上述文档资源是开发者旅程中必不可少的一部分。这些文档可以帮助开发者更好地理解技术产品的用途及复杂度。

文档贯穿于开发者旅程的各个阶段

在开发者旅程的不同阶段，开发者对文档的依赖程度也会有所差异。一一般来说,在评估阶段,开发者只需要大概浏览入门手册中涉及产品的有关信息,对产品有一个初步的了解。而在学习和构建阶段,开发者将重点查看产品培训手册和参考指南的具体内容,解决产品使用过程中的具体问题。在后续章节中我们将对此进一步详细叙述。

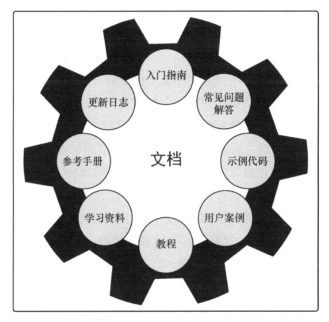

图 17-1　开发者文档的种类

优秀文档的必备要素

优秀的开发者文档需要关注细节,建立在对开发者需求的理解之上。总的来说,好的文档能够为各种类型的开发者服务,不拘泥于开发者所处的阶段。无论他是潜在的目标开发者,还是你的客户,你的文档都能为他们解决当下的核心问题。

首先,优秀文档应该可以唾手可得,也就是说,你需要向开发者公开你的文档。好的文档体验不仅能够提高开发者在探索阶段找到他们所需文档的概率,也能减少开发者在评估阶段寻找文档时面临的困难。如果开发者不得不注册账号,甚至建立付费渠道才能阅读你的文档,那么他们很可能放弃成为你的客户。

其次,你的文档需要以清晰易懂的形式呈现。许多开发者关系项目会通过诸如 Readme.io 和 GitBook 等内容管理软件来制作产品或 API 文档。这些工具不仅能够提供多人协作的文档编辑功能，而且能制作可供搜索和检索的网页文档，让你的文档更容易被开发者找到。同时，这些工具自动生成目录的功能也更为开发者所熟悉。清晰易懂的文档可以帮助开发者更加方便地寻找他们所需要的信息。除此之外，开发者关系文档逐渐呈现开源趋势，越来越多的开发者关系团队在文档页面上提供反馈入口，鼓励开发者提供他们的意见和建议，凸显项目的开放性。

还有一些开发者关系项目会使用文本标注语言或 MDX 文件格式生成技术产品文档，并通过文档解决方案和定制化文档平台呈现。

此外，你还需要尽可能避免使用 PDF 格式的文档，因为它们难以修改，不易检索，需要在下载之后才能阅读。除此之外，当你发布了 PDF 格式的文档后，你的文档将在你难以掌控的各种渠道上大肆流传，如果文档内存在问题，将很难对其进行修正。

相反，如果使用 CMS、GitHub 或者 GitLab 制作网页形式的文档，你需要确保文档的信息得到**实时更新——这非常关键**。如果文档过时或存在错误，将对项目形象造成极大的负面影响，让开发者失去对你的信心。同时，你需要确保文档和你的产品版本保持一致，为开发者提供准确的参考。

在传递企业信息的过程中，你必须确保文档无论是看起来，还是读起来，都非常简洁顺畅。如果你的文档非常糟糕，出现各种问题，如链接失效、存在缺失或错误信息、语言表达重复累赘（主要由大型企业复杂的沟通机制造成的）等，开发者会认为采用你的技术也是一个困难的过程。

通常，一个简单明了的开发者文档总会在开头讲述基本的安装步骤，并会附上一个具体案例的开源代码，而不仅仅只是凸显产品容易上手，切合开发者需求。当然，你还需要确保网页类型的文档同样能够在移动端清晰呈现，毕竟开发者经常用手机搜寻他们想要的产品和信息。

开发者文档的制作人

一般来说，开发者文档由产品团队撰写，或者至少需要他们的参与，毕竟他们是公司最了解产品的一批人。然而，过于了解产品也会成为他们的劣势。正是因为产品团队太熟悉技术产品了，所以他们很可能会绕过一些技术细节直接得出答案，导致概括化的错误。

更常见的做法是，在开发者关系团队中指定一位技术人员担任技术文档的撰写人。一般而言，技术文档撰写人是开发者培训团队的一员，和产品团队合作撰写产品文档。你需要确保技术文档撰写人有基本的软件或硬件研发背景，只有这样他们才能在撰写文档的过程中从开发者的视角出发，提供有益的观点和意见，弥补产品研发工程师对开发者需求的盲点。更重要的是，这些技术文档撰写人经常与示例代码或产品样品打交道，能够对文档的撰写提供非常接地气的建议。

总的来说，开发者文档是技术产品的重要组成部分，对营造良好的开发者体验至关重要，必须得到足够重视。

小结

开发者体验是开发者关系的核心，由产品体验和文档体验两部分构成。良好的开发者体验是开发者关系项目的差异化优势所在，如果被忽视，将导致项目失败。开发者关系需要时刻从开发者利益出发，支持并影响企业技术产品的研发，参与文档的撰写，为开发者提供契合其自身需求的产品。

在第 18 章中，我们将进入开发者旅程的下一个阶段——评估阶段，了解开发者关系在这个阶段需要向开发者提供的触点及资源。

第 18 章　评估阶段——产品能奏效吗

当开发者进入评估阶段，他们的主要任务是判断你的产品是否满足他们的需求，产品是否存在潜在问题。而你的任务则是**激活更多的开发者**，引起他们的兴趣、解决他们的问题、打消他们的顾虑。

在本章中，我们将梳理开发者的常见问题，以及在评估阶段各个触点上他们期望实现的目标。

激活

激活开发者的过程是一个可以被量化的过程，包括开发者创建账号、报名参加邮件订阅、加入网络研讨会、阅读用户案例或者在 Stack Overflow 上对你的观点表示支持。这些活动标志着你已经成功激活了开发者。

为了实现这一目标，你首先需要回答如下两个问题。
- 开发者能够用这项技术干些什么？它能够帮助开发者解决问题吗？
- 技术的使用难度如何？

评估阶段的触点和开发者培训材料

开发者中心作用的发挥离不开产品和文档。开发者中心既是开发者培训工作的起点，也是开发者关系团队重要的参考资源所在地，比如简单的用户使用案例、复杂的工作研讨资料等。

在评估阶段，你需要考虑的触点和资源包括产品页面、文档登录页面、常见问题解答、用户场景和案例研究、论坛和社区沟通工具以及网络研讨会等。

产品页面

无论你提供多少技术产品，都需要为它们找到一个合适的地方供开发者了解。每个产品可以有属于自己的产品页面，也可以将所有产品进行分类，放在同一个页面上。除此之外，你需要兼顾开发者在寻找产品页面过程中的体验。事实上，很多开发者关系项目只是将 SDK 或 API 简单地放在产品页面上，没有对它们进行清晰的介绍，同时产品的命名也极为模糊，容易让人困惑。因此，无论你用什么样的方式介绍产品，确保开发者在看到产品的第一眼就能理解它的特性和功能。记住，在这个阶段，开发者并没有成为你的客户，他们仍然在尝试判断你的产品是否适合他们。

文档登录页面

在评估阶段，开发者总是会最先尝试搜寻各种产品文档，从而大致了解你所提供的技术产品资源。正如我们之前所提到的，文档是一系列不同种类信息的集合，是开发者中心页面下的一个模块。

你需要把与产品相关的各类文档放在合适的位置，以方便开发者寻找。很多时候，开发者会直接通过搜索引擎点击结果链接，获得他们想要的文档信息。此时，你必须建立一个清晰的导航机制，让开发者无论登录到哪个文档页面，都能轻松地回到文档主页面上。

你还需要在文档主页面上放置一个包含各类主题的目录，通常以表格的形式呈现。这样一来，开发者无论需要什么样的文档资料，都能通过页面目录迅速找到相应的内容。之所以采用这样的方式，主要是因为每位开发者对开发者关系项目评估的进展都不尽相同。只有确保文档能够方便地为各类开发者搜寻使用，才能展现对开发者的同理心，帮助你的项目实现成功。

常见问题解答

常见问题是指在开发者评估项目的过程中经常出现的疑问，并以极为简洁的方式呈现，具体包括产品是什么，产品能够解决什么问题，产品的技术要求是什么。当然，你需要在每个问题背后附上包含解答内容的链接。FAQ 列举的常见问题最好不要超过 12 个。你可以参照开发者问题反馈系统的数据来决定选取哪些问题进行解答。

用户场景和案例研究

在本书中，我们将用户场景和案例研究这两个模块放在一起分别叙述，以避免混淆。

用户场景主要阐述产品的基本用途，帮助开发者了解产品的潜力及其所能解决的问题。用户场景的内容并不固定，它既可以是几段针对特定开发者的产品功能叙述，也可以是包含具体技术细节和逻辑的深度文章。我们建议你在用户场景下附上一些示例代码和培训材料，提高用户场景的实用性，推动开发者进入学习和构建阶段。

相反，**案例研究**主要呈现的是真实案例，展现了其他开发者如何使用你的技术实现目标。案例研究能够增加开发者对产品的信任，因为它既体现了产品的用户类别，也暗示了其他开发者在使用产品的过程中所发挥的创造力。

传统的市场营销案例研究往往会突出客户证言、展现客户笑容等。除此之外，一个成功的开发者关系案例研究还需要展示代码，通过案例帮助开发者开发应用，实现技术整合。

如果你的目标受众是业务人员，则需要在案例研究内突出时间、地点等业务场景。你可以根据项目的复杂度和特点，决定是否需要提供面向业务人员的案例研究。

论坛和社区沟通工具

你可以举办网络论坛，与开发者进行互动。很多时候，开发者想要参与网络论坛，不得不进行注册或满足一系列复杂的条件。因此，你需要确保网络论坛是开放的，降低开发者参与的难度，并对所有开发者一视同仁。当然，你也可以通过 Slack 或 Discord 等沟通工具为开发者提供支持，清晰地告诉开发者他们如何在这类平台上找到你，如何与你沟通。另外，你还应该积极和已经成为客户的开发者对话，毕竟他们的疑问很可能也是其他开发者感兴趣的地方。

在这个过程中，开发者将对你的产品和服务形成初步判断，并决定是否采用你的技术。你需要在网络论坛上创建一个新手模块，为不了解产品的开发者提供一些基本信息。

网络研讨会

网络研讨会的形式并不固定，既可以播放提前录制好的产品演示视频，也可以在视频网站、Twitch 等媒体平台上进行实时问答。一般而言，网络研讨会的时长不超过 60min。除此之外，网络研讨会还有许多优势：一方面，开发者不用花费大量时间参加线下活动；另一方面，你也能以较低的成本触达大量的开发者，实现对产品的推广。根据研讨会的主题，你需要选取具有长期传播价值的内容进行录制和回放。

公域触点

GitHub

GitHub 版本控制系统在全球范围内广泛流行的原因有多种。其中比较重要的两点分别是它的团队协作模式和规模化编程功能。正因如此，大多数开发者关系项目都愿意将项目资源共享在 GitHub 上，获得相应的功能，例如追溯历史版本、比较版本差异、实现多人协作等。

GitHub 已经成为开发者信息共享的主要平台。通常开发者会在 GitHub 上搜寻有关产品的示例代码、SDK 开发包、二进制文件和技术文档，以便深入了解产品。当开发者关系项目在 GitHub 上发布和管理这些资源，开发者就可以方便地查看产品的历史版本、提交合并请求、贡献代码，从而更好地评估产品的更新进展和维护情况。另外，通过观察社区对项目的贡献（如提供有价值的代码）以及对产品 bug 修复的反应，开发者可以更好地判断产品是否受到社区的欢迎。事实上，你的产品在开发者社区的受欢迎程度也在很大程度上决定了开发者所开发应用的受欢迎程度。

Stack Overflow

Stack Overflow 是目前非常流行的开发者社区，许多开发者在 Stack Overflow 上学习技术、分享经验。该社区的月访问量高达 1 亿次，每个月开发者都会在上面提出 2 000 多万个问题。Stack Overflow 已经成为开发者的"谷歌"，方便开发者搜索有关技术问题的答案。事实上，在开发者旅程的各个阶段，开发者都会使用该平台解决他们遇到的技术问题。因此，你需要确保你的项目在 Stack Overflow 上维持较高的活跃度。Stack Overflow 的作用之大，远远超出人们的想象。

每 4 个访问 Stack Overflow 的开发者中，就会有一名开发者在 5min 内复制他们要找的答案。据统计，2021 年 3 月 26 日至 4 月 9 日的两周时间内，共有 7 305 042 篇文章和评论被复制了 40 623 987 次。其中，人们复制答案的次数是问题的 10 倍，是评论的 35 倍；同时，复制代码的次数是文本的 10 倍以上。令人惊讶的是，答案存在争议的问题反而更容易被开发者关注，相比那些有统一答案的问题，它们被复制的次数更多。

定价策略

开发者深入了解产品前，往往还需要解决一个关键问题——**产品的价格在可接受的范围内吗？** 尽管在这个阶段，开发者并不会构建非常具体的商业模式，但他们还是会考虑一些与价格相关的指标，将你的价格和现有供应商或竞争对手的产品进行比较。

在本章的最开始，我们曾指出，处于评估阶段的开发者通常会寻找产品的潜在问题。你需要明白，在最终的拍板环节，开发者往往是关键决策者，或者说他们的意见尤为重要。此时，如果你能为他们提供免费或者打折的试用版本，将帮助他们更好地对产品进行评估。

尽管免费试用或服务信用的市场营销方法将激励开发者对你的产品进行验证，但你需要向开发者表明：大规模使用技术产品的具体成本是多少。这对于与目标开发者构建长期彼此信任的合作伙伴关系至关重要。开发者中心需要对产品明确标价，而不是让开发者自己联系和销售。

你的成功与开发者的成功息息相关。例如，许多 API 企业以交易量为基准向开发者收取费用。也就是说，在开发者开发应用的前期，由于商业模式并未成熟，交易量低，那么 API 企业针对技术产品所收取的费用也会很低。反之亦然，实现双赢。当然，如果开发者商业模式变得越来越成熟，交易量变得越来越多，那么你也有必要向开发者提供一定的折扣，以帮助开发者降低成本，进一步发展——毕竟开发者成功是开发者关系成功的重要体现。

除此之外，产品评估还包括产品使用成本和不同服务等级下产品包价格的估算。如果你能在开发者中心网页上提供成本估算功能，呈现清晰的报价方式，将帮助他们更好地进行评估。

小结

在评估阶段，开发者仍然尝试判断你的产品是否满足他们的需求。此时，你需要将开发者感兴趣的信息以清晰明了的格式展现出来，充分展示产品。只有这样，开发者才有信心试用你的技术。另外，你需要注意：价格不应该成为开发者学习和使用产品的障碍。

接下来，我们将进入学习阶段。在这个阶段，开发者将第一次真正试用你的技术产品。

第 19 章　学习阶段——如何使用产品

在学习阶段，开发者已经不再担心你的产品是否满足他们的需求，并且相信他们拥有足够的知识储备和工具来使用你的技术。同时，成本也不再是他们的顾虑。此时，他们将在实际开发应用的过程中测试你的产品，判断你的技术是否切实可行。

在这个阶段，你的任务仍然是与开发者进行互动，帮助他们更高效地完成应用的开发，建立对产品的信任。

启程

第 5 章曾提到，开发者的一个典型特征是他们喜欢在实操中不断学习和试用新技术。因此，你的任务就是要加速开发者学习的过程，并尽快呈现结果。开发者学习技术的动机不尽相同，有些是为了解决应用中存在的重大问题，有些是为了在应用中增加新的功能，还有的可能只是希望多尝试一些技术，发现更多的可能性。但无论出于何种目的，他们都希望能够尽快掌握并试用你的技术。

输入 "Hello, World!"

"Hello, World!" 是开发者使用产品开发应用过程中的一个关键节点。开发者学习编程的过程中，实现的第一个程序通常就是 "Hello, World!"。这句话的输出也就意味着开发者掌握了这一技术的基本语法，并有能力使用该技术进一步开发应用，实现预期成果。同样，开发者也会通过这一程序了解技术的运行逻辑、使用难度和真实效果。

时间是其中的关键。你也许经常遇到"TTHW"和"FTTHW"这两个缩写的英文单词,它们的全称分别是"Time to Hello World"和"First Time to Hello World"。通常情况下,实现 TTHW 的过程一般控制在 5min 以内。当然,这并不是绝对的。如果开发者认为这项技术具备价值,那么尽管技术难度较大,他们也愿意花费更多的时间去学习。

学习阶段的触点和文档

开发者需要借助高质量的文档帮助他们实现 TTHW。高质量的文档需要做到清晰易懂、准确无误,解决开发者在初次学习过程中可能遇到的问题。如果文档能够清楚地介绍技术的使用步骤和预期效果,将为开发者营造良好的学习体验。

在学习阶段,开发者需要的文档包括:
- 入门指南和快速入门指南;
- 教程;
- 示例代码。

入门指南和快速入门指南

入门指南通常是开发者学习过程中的第一份参考资料。在评估阶段,开发者很可能对入门指南已经做了简单的了解,但在学习阶段,开发者将深入阅读并实际演练。快速入门指南的目标是以最少的步骤帮助开发者实现 TTHW,避免使用冗长的语句。

如果产品的快速入门指南过于复杂,这可能意味着:
- 你的技术过于复杂;
- 你需要专业的技术文档撰写人重新编写入门指南;
- 你需要提供预先配置好的资源模块,如沙箱、示例数据、已配置的虚拟机、交互式教程等。

当然,上面几项也可能同时发生。

除帮助开发者尽快实现 TTHW 以外,入门指南还应该对技术版本进行简单介绍,比如免费版、会员版、社区版、企业版等版本的功能和区别分别是什么。在制作入门指南的过程中，你还可以与开发者进行合作，借助他们的技能和经验不断优化你的技术步骤。

教程

教程是开发者另一份重要的参考资料，无论它是以视频还是文字的形式呈现。在准备教程前，你必须深入研究目标开发者画像，弄清不同开发者知识背景的差异，判断他们是否熟悉产品的技术支持工具，例如数据库、第三方云服务、行业知识等，了解他们的技术学习方式。

相比入门指南，教程更具有深度。开发者可以通过教程了解产品的基本功能。在理想情况下，教程将指导开发者实现用户案例内的应用场景。

如果你的产品适用于多种开发者类型（比如前端开发者、后端开发者），记得在用户场景中说明清楚。

示例代码

快速入门指南和教程中的示例代码既要能正常运行，还需要附上详细的说明，比如它能解决的问题和可实现的功能。如果代码的运行满足额外的条件，那么你还需要说明它的运行环境，比如提供沙箱或者独立容器的信息。

登录/注册

通常，为了实现 TTHW，开发者还需要完成一系列注册程序，才能获得 API、SDK 或云服务的使用权限。

注册速度是开发者旅程的另一个关键因素。处于学习阶段的开发者仍然在不断摸索你的技术产品。过早地让开发者进入注册程序将影响他们的体验，甚至导致他们退出开发者旅程。而当开发者进入注册程序时，你则需要尽可能减少不必要的个人信息搜集，对于必要的信息，清楚地说明它们的用途。如果你搜集的信息过多，也可能让开发者决定不再使用你的产品。目前，诸如 OpenID Connect 这样的技术可以借助谷歌公司、GitHub 的第三方账号体系，帮助开发者快速完成注册。

同时，为了提高注册的流畅性，你需要确保整个过程不涉及类似于人工审批的环节。开发者仅通过自己的操作，便可完成全部的流程。

在学习阶段，开发者实现"Hello, World!"的过程应该是简单快速的，而复杂的注册程序将为开发者增添不必要的困难。

其他资源

在学习阶段，如果你能为开发者提供额外的技术学习形式，不仅会给开发者留下良好的印象，还能帮助他们加速学习的过程，让他们对你的技术产品有更清晰的了解。

你需要专业的开发者关系团队管理这些学习渠道或资源，具体包括论坛和社区沟通工具、学习资料、问答环节和培训课程等。

论坛和社区沟通工具

论坛和社区沟通工具不仅对评估阶段有重要意义，在学习阶段也扮演着重要的角色。随着开发者开始使用你的技术，他们会遇到一系列具体的问题，并不断尝试寻找答案。此时，他们会清楚地注意到哪些问题没有被解决，而这些信息应该由谁提供。这些问题都会在很大程度上影响产品的信誉和市场。

在搜寻答案的过程中，开发者很容易感知到这一过程是否流畅。因此，你需要清晰地呈现问题的答案。尽管这会耗费大量的精力，但也会为产品塑造积极正面的形象。开发者会认为产品是值得深入研究的，使用起来很方便，并受到其他开发者的好评。

学习资料

由于规模和成熟度存在差异，不同开发者关系项目所提供的学习资料也不尽相同。常见的学习资料包括电子书、白皮书、培训视频、播客、项目原型等。

许多开发者关系项目会在开发者中心页面上创建学习资料专区，放入各种学习资源以供开发者参考。

和文档一样，你需要确保这些学习资源能够被开发者快速找到。不过，由于很多资源的格式是诸如 PDF、视频、音频这样相互孤立的形式，版本控制就变得尤为困难。因此，你需要在各种资源上清楚地标注它们的发布日期和适用的技术版本，帮助开发者迅速判断这些资料是否满足他们的需求。当然，抛开前面所说的，实践经验告诉我们：技术学习资源越多越好！

问答环节

问答环节，简单来说，就是抽出时间让开发者直接向你提问。问答环节的形式多种多样，既可以通过网络视频，也可以是 Reddit 上的提问环节，又或者在社区论坛和 Slack 上抽出时间专门解答开发者的疑问。问答环节的意义在于为开发者提供一个直接寻找答案的机会、一个了解你的机会。如果你能定期回答他们的疑问，将会在很大程度上激励开发者持续与你互动，感受到你对他们的支持。

培训课程

除之前提到的一系列自学资源以外，培训课程也是重要的学习方式。你可以在视频网站上直播短小精悍的课程，也可以为开发者开设系统的课程体系。培训课程能够直接让开发者了解技术的使用方法，也能增强开发者与你的互动，解决开发者遇到的技术难题。

正规的课程结业证明不仅能够帮助开发者拓展他们的职业生涯，也是对开发者真正掌握技术的肯定。微软公司是课程培训领域的领先企业。它为开发者提供了全面且详细的课程体系，其中既有免费课程，也有收费课程。当然，你既可以自己制作培训课程，也可以让第三方企业如 General Assembly、Code Academy、Udemy、Treehouse 等制作。

技术准备

产品安装是开发者学习新技术过程中的常见障碍，尤其是模块化软件开发环境的出现使产品安装变得更加困难。开发者需要找到并安装合适的软件模块和版本，只有这样才能真正开始搭建自己的项目。常见的软件模块包括并不限于操作系统、操作系统更新包、编译器、系统外挂安装包、编译和构建工具等。因此，开发者不仅需要精通自己的核心业务，而且需要掌握所需模块的基本知识。

很多时候，开发者并不会完全了解每一项新技术的开发环境。但大多技术文档和培训资料并不会对此详细说明，往往直接过渡到技术功能的介绍。

因此，一个完整的技术文档（如《快速入门指南》）需要详细说明产品的安装流程，包括必备的开发环境和条件、背后的原因、参考资料的链接（如HomeBrew、Docker、Linux、Java）等，方便开发者自学。

考虑到开发者对开发环境了解程度的不同，你需要对安装流程的各个部分进行标注。资深开发者仅需快速浏览便可理解产品对开发环境的要求，而刚入门的新手可以根据你提供的链接按图索骥，深入了解产品的安装过程。

小结

一旦开发者初步掌握了你的技术，并在学习阶段积累了足够的信心，他们会进入开发者旅程的下一个阶段——构建阶段。

第 20 章　构建阶段——概念验证是否可行

在经历学习阶段后，开发者对你的技术已经有了基本的了解。接下来他们将走进构建阶段，尝试用你的技术解决应用开发过程中面临的实际问题。

从探索阶段一直到构建阶段，你的任务始终是不变的，即提升与开发者的互动，激励并启发开发者采用你的技术来解决实际问题，从而帮助他们实现目标，顺利进入规模化阶段。

互动与支持

在构建阶段，开发者的意图不再只是浏览和试用，而是构建具有实际价值的应用。"有价值的应用"是指产品发行前开发者为了验证应用可行性所推出的应用轻量简化版本，也可以称为概念验证（Proof of Concept，POC）、产品原型或最小可行产品（Minimal Viable Product，MVP）。

在这个阶段，开发者并未成为你的"忠实"客户，而公司的管理层或销售部门却会对开发者关系团队施加压力，希望技术产品能尽快实现盈利。此时，你必须坚定自身立场，向他们阐明开发者选择技术产品的不同之处。因为在构建阶段，开发者仍然需要进一步深入了解你的技术。

持续性地启发并激励开发者是开发者关系的重要任务之一。因此，你需要推陈出新，不断更新培训资料，为开发者提供新想法和新创意，从而解决新问题。在这个阶段，社区活动同样至关重要，我们将在稍后章节中详细论述。

构建阶段的触点和资源

在构建阶段，开发者仍然需要此前的技术文档及培训资料。

除此之外，开发者还将重点关注两类触点——技术产品和论坛。

- **技术产品**：你的技术将进一步受到开发者的测试和检验。在这个阶段，开发者对技术缺陷的容忍度很低。你需要尽可能避免错误的代码，向开发者充分共享与技术相关的信息。你需要及时通过电子邮件或变更日志，向开发者传递有关技术变动或版本更新的信息。另外，你还需要不断收集开发者对技术的反馈意见，并及时将它们提交给产品团队。
- **论坛**：论坛是为开发者提供技术支持的重要渠道。论坛需要及时回答开发者的疑问，帮助开发者快速完成概念验证。当然，如果你的回答不够聚焦或及时，仍然可以通过其他方式提供你的支持，关于这一点我们将在后面内容中详细叙述。

接下来，我们将列举构建阶段开发者所需的其他资源。

插件

插件是当今众多技术产品的核心部件，其功能丰富，能够帮助开发者实现技术整合、定制和功能延展。插件种类多样，如软件库、网络钩子、回调、事件处理函数和专有插件等。

开发者通常非常关心插件的适配性和使用难度。正如技术产品一样，你的插件需要有相应的文档资料作为支撑，以帮助开发者更加顺利地开发或升级应用。

沙盒和开发测试工具

沙盒为应用提供了独立而真实的作业环境，常见例子包括附带虚拟数据的测试服务器、可下载的容器和虚拟机、交互式"游乐场"以及嵌入在文档中的控制台窗口等。你的沙盒可以与其他资源配套使用，如编译器、分析工具、调试程序等。这些工具既可以作为技术产品的一部分提供给开发者，也可以是产品所依赖或支持的第三方产品。

在构建阶段，这些都是帮助开发者顺利完成测试的重要工具，能够减少甚至消除技术产品的设置和安装步骤，让开发者更快地进行概念验证或MVP。任何不准确的信息都会给开发者留下负面的印象，成为开发者进入规模化阶段的阻碍。

参考指南

参考指南通常位于文档目录的末尾，它提供了有关产品的技术规范、API、架构细节等详细信息。与那些聚焦技术概念和技术功能的文档不同，参考指南更多是文档的补充，主要由表格、附加的示例代码、公式和图表组成。

在评估和学习阶段，开发者一般已经浏览了参考指南，但在构建阶段，开发者才会详细阅读参考指南里的具体细节。然而，所有的文档，包括入门指南，都应尽可能链接到参考指南，以帮助各个阶段的开发者找到他们想要的信息。

在构建阶段，开发者主要研究参考指南中的技术细节，从而深入了解产品的各个方面，包括技术产品的体系结构、API、有效参数等。一个全面深入的参考指南集可以让开发者确信，你已经考虑过他们可能需要知道的所有信息，并将为他们提供全方位的支持。

更新日志

除为开发者提供简洁、准确的文档资料以外，发布并维护版本更新日志同样是推动开发者实现成功的重要因素。也就是说，开发者需要知道你对技术产品所做的任何变动，例如版本更新和问题修复等。当然，一个简单的列表就足够了，但最好在变动的地方附上链接，供开发者详细了解具体情况。同样，在邮件订阅和论坛中突出显示技术变动也很重要。

技术支持

在前期，开发者可能已经得到了你的技术支持，但在构建阶段，官方的技术支持将变得更加重要，因此，开发者需要知道在哪里可以找到此类支持。"官方"技术支持区别于开发者从同行和诸如 Stack Overflow 这样的独立社区所得到的支持。论坛或像 Discord 和 Slack 这样的平台是官方技术支持的常见渠道。随着时间的推移，它们常发展为可供开发者搜索的数据库。

在这个日益"随需应变"的世界中，你需要提前告知开发者官方技术支持的时间。当然，对开发者问题的处理速度会因渠道而异，但只要提前说清楚，就没有问题。在第 5 章中，我们曾提及开发者的工作时间可能远远超过正常的工作时间，你所面对的开发者还有可能在世界各地的多个时区工作。因此，除非你能为开发者提供全天 24h 的技术支持，否则就应该提前告知开发者，以便他们提前做好规划。

开发者关系的技术支持团队需要对问题足够敏感，并得到上级充分授权，以便快速解决问题。除此之外，他们还需要对开发者的反馈负责，并及时将反馈传递给组织内的研发、产品等团队。技术支持团队需要具备良好的判断力，通过提供服务信用等友好行为来提高顾客满意度。

你需要与时俱进，选择开发者青睐的渠道来开展技术支持工作。互联网时代，提供技术支持的渠道丰富多样，从简单的文章、电子邮件和电话，到实时或自动的聊天软件，Slack、Discord 等平台，以及诸如 Stack Overflow 和 Reddit 的第三方网站。你很难在所有渠道提供同样的技术支持，因此选择合适的渠道变得尤为重要。除此之外，你需要始终寻求将对话带回官方渠道，从而更好地跟进开发者的疑问和参与情况，形成闭环。技术支持团队应该与开发者关系部门紧密协调，确保两个团队都能推动开发者回到官方渠道。

为开发者提供支持不仅是技术支持团队的工作。事实上，与开发者存在联系的任何人都需要对如何处理开发者的问题了如指掌，并充分了解常见的问题。技术推广大使尤为如此，他们被开发者视为公司和产品的代表。开发者不想听到诸如"对不起，我不知道，你可以将问题提交给我们的反馈系统"等回答。因此，技术推广大使需要投入足够的时间以便回答开发者的问题，与技术支持团队紧密沟通，从而深入地了解问题，与开发者客户产生共鸣。

与 B2B 或 B2C 业务不同，为开发者提供技术支持存在很大的不确定性。你不知道他们会用你的技术做什么。因此，你必须对自己的技术产品了如指掌，成为一个万事通，只有这样，才能真正理解开发者客户的需求。

—— Jason Nassi
Salesforce 客户中心工程总监

开发者关系团队可以通过收集和共享常见的技术应用案例，帮助技术支持团队解决类似的问题。

近在咫尺的客户

在构建阶段，开发者距离成为你的重要客户已经近在咫尺。换句话说，你的商业模式将很快产生收入。

此时，你需要从定性和定量的角度分析回顾你的触点。从定性的角度来说，你可以尝试捕捉开发者跨越构建阶段的信号，他们可能会直接与你分享和讨论，也可能在社交媒体（如 Stack Overflow 上）发表自己的观点。

从定量的角度来说，你还可以尝试分析开发者的使用数据，用数据描绘出你的开发者画像。这些数据往往意味着一些重要的信号，如开发者开始阅读更高级的内容、API 交易高峰、开发者在账户中兑换促销代码、下载 SDK 或在你的沙盒中进行 API 调用。

你需要在客户关系管理（Customer Relationship Management，CRM）系统或业务分析工具中标记每个开发者客户在旅程中的位置，跟进开发者漏斗的健康状况，并衡量他们在各个开发者旅程阶段的停留时间、活跃程度以及离开旅程的时间节点。

小结

在开发者旅程的构建阶段，你会看到之前章节中触点的自然延续。正如第 15 章中介绍的，开发者旅程的各个阶段体现了开发者需求的变化，但这并不意味着各个触点只在特定的时间发挥作用。

在构建阶段，你需要持续激励开发者使用你的技术，不断解决问题，消除摩擦，帮助他们顺利进入规模化阶段。

接下来，我们将深入探讨规模化阶段。此时，开发者将真正开发产品，并与你形成长期的合作关系。

第 21 章　规模化阶段——技术平台值得长期依赖吗

只有试用顺利，开发者才会把应用真正发布到商用阶段。只有你的技术有助于问题解决，才能成为开发者的产品不可分割的一部分。开发者在应用发布前的工作重点是优化、测试和上市，他们在应用发布后的工作重心将转移到产品运行、维护。

你和开发者的合作旅程看似即将结束，其实你们在这个阶段的互动前所未有的重要。

开发者忠诚和成长

在规模化阶段，你如何处理与开发者的关系通常取决于你的商业模式。他们在这个阶段开始为你贡献收入，或者他们的商用产品要依赖你的工具支持。他们现在绝对是你的客户。

如第 8 章介绍的，许多开发者关系项目的收入确认要等到开发者完成自己的应用发布和出售。这种情况下，只有等开发者获得了真正的交易量和收入，你才真正创造了价值和投资回报。最重要的是，你希望自己的开发者未来能持续获客、创收。此外，众所周知，软件产品开发永远不会完全完成，总会增加新功能或升级新版本。如果宣告产品完成，那表示产品的生命周期结束了。

基于这些原因，在规模化阶段不可忽视你与开发者之间的关系。开发者忠诚和成长战略对项目和公司的成功至关重要。规模化往往是你与开发者开始新一轮合作的起点。他们的成功与你的成功息息相关，因而应该成为你的关注点。规模化还需要开发者支持、客户管理、社区管理和开发者成功等部门的团队合作。

规模化阶段的触点和资源

规模化阶段，开发者体验又变得非常重要。你的产品必须有效运行，你的文档必须持续更新，易于访问。开发者们希望你的论坛或技术支持能及时为他们的问题提供答案——毕竟，他们也有时间压力和客户压力。规模化阶段也是庆祝客户成功的大好时机。

在规模化阶段，你需要考虑的触点和资源包括开发者成功、技术支持、SLA 和产品路线图等。

开发者成功

开发者一旦发布了应用，你与开发者的关系可能发生变化。在产品的运行和维护阶段，开发者的工作重点通常涉及组织内的新职能，如运营、研发-运维一体化（DevOps）、研发-安全-运维一体化（DevSecOps）或机器学习-运维（MLOps，管理机器学习产品生命周期的新术语）。

我们注意到，对于不同的人，DevOps 的含义不同。在这里，我们用它来强调开发者关系团队在规模化阶段需要考虑的新受众。他们也由技术专家组成，但与研发团队有微妙的差异。例如，DevOps 团队更关注开发和发布过程的自动化、可观察和易监控。

随着开发者对你的技术的投入和依赖程度的增加，提供仪表盘和其他工具以计量使用你的服务的用量和性能非常重要。

重要的是，要记住，正如我们在第 15 章中指出的，开发者在旅程的各阶段有不同的意图和行动，且各个阶段的时长没有统一标准。事实上，客户的运营团队在整个旅程的各阶段都非常活跃，在确认采用新供应商和新技术前，他们是采购决策关键利益相关者。

通常，产品的技术文档、快速入门指南和示例代码都能解答开发者的问题，是帮他们实现既定目标的方法。如今，成功案例也成为重要方法，因为成功案例能解释技术的使用场景、创新的使用方法和最佳实践，例如，AWS

Well-Architected 就是分享成功案例的好项目。开发者关系领域的一个新兴角色是开发者成功工程师，他们在规模化阶段扮演重要角色，他们的职责是长期支持客户。

技术支持

技术支持在构建阶段很重要，在规模化阶段更重要。

时间就是一切。与开发者沟通的方式和时间都要精心考虑。如果开发者正在为按时交付熬夜，"本周四下午激动人心的网络研讨会"不仅不能起到期望的作用，反而造成对他们的打扰。开发者需要做到触手可及。如果你的公司有客户管理或客户成功团队，他们可以按需提供一对一支持。你也可以开放咨询与问答环节供开发者选择参与，或者持续更新你的论坛和知识库。

在发布工具的新功能和版本时，保持无摩擦体验。例如，如果你的产品的一个新版本破坏了开发者的实现，将对他们的产品和收入造成灾难，因此会损害他们对你的信心，并影响他们与你长期相处的可能性。你的主要工作是通知开发者提供了什么，同时维护准确的文档和相关资源，如变更日志、示例代码和新的学习资源。

开发者关系团队需要胸怀大局，作为开发者与公司之间的关键渠道，把"开发者的声音"反馈给研发和产品团队。处理开发者提交的新功能需求、改进建议和产品缺陷反馈需要深思熟虑多方面的因素，例如问题的处理范围、做出承诺的决策标准以及对销售团队影响的判断。当你的产品团队忙于改进产品、补偿前期的技术工作的欠债，你需要制定策略，在推出突破性创新和迫使开发者升级之间取得平衡。对开发的问题反馈进行优先级排序，以便对外及时回答开发者的问题，对内为产品团队争取更多时间，帮助他们及时修复重大问题或发布新功能。

SLA

服务水平协议（Service-Level Agreement，SLA）是你和开发者之间签订的协议，规范了双方在服务水平上达成的共识，未来由运营团队负责监控和执行。SLA 的范围可以是特定产品的性能指标，如正常运行时间、延迟、安全指标；或技术支持指标，如回复开发者的问题的速度。SLA 也是规划和评估项目质量的衡量指标，这意味着它们必须便于量化。

产品路线图

开发者的成功受到你的产品的生命周期的影响,你的任何产品变革都会直接影响开发者。因此,分享产品路线图,让开发者知道你的产品发展方向是你义不容辞的责任。事实上,现在很常见的做法是公布产品路线图,以便潜在客户了解产品方向,并判断是否符合其长期需求。把产品线路图公之于众的一个好例子是 Slack,它在 2016 年首次把路线图发布到 Trello board 上。Slack 发布信息不仅包括产品路线图,还包括推理路线图的过程和新点子公告板(Ideaboard)。一些公司甚至请外部开发者投票选出他们最想要的新功能。

激励与社区

除纯技术资源以外,激励项目和开发者社区也很重要:一方面,可以维护和发展与现有开发者的关系;另一方面,可以吸引和招募新开发者。你的目标是请更多开发者加入你的社区,赋予开发者的关系更深的意义、更强的"黏性",促进开发者为生态系统做出贡献。这种互动聚焦在开发者关系的深度和质量上。我们将在第 25 章中深入探讨与开发者社区运营相关的内容。

在规模化阶段,开发者关系团队应该鼓励开发者采用新功能、创建新场景。这会扩大你在现有开发者中的影响,也能增加来自他们的收入。这在销售中通常被称为交叉销售和追加销售。可以围绕这些主题定制你的信息和活动,例如客户研讨会、内部黑客松、案例研究、论坛和社区消息、活动与博客、播客和视频等。

开发者关系工作也可以激励你自己的产品团队整合额外的服务、添加新功能、创意新场景。这些内部创新有可能解决客户的问题,最终为你带来更多收入。

成功案例

本书始终强调案例研究的必要性。那么,案例从哪儿来?当然是你的开发者和客户。案例研究讲述开发者使用你的产品,并创新有价值应用的故事。这不仅对你有益,也对开发者有益。成功案例在开发者的社区和所在公司展示他们的成就。做有意义的事，并为自己的成功感到自豪是大多数开发者的核心动机。

除案例研究以外，展示和认可开发者的方式还有多种。可以在活动和派对上加深与开发者的关系——增强他们对你的技术平台的归属感。也可以请开发者在你的活动中发表演讲、在你的博客中分享文章，或者为他们提供认证机会，这些方式都有助于开发者分享经验和改进技能。开发者在与你的这些合作中培养的专业技能将有助于其职业生涯发展。

大使项目

大使项目，有时被称为最有价值专家项目，是对社区成员的一项荣誉认证和奖励，以此感谢帮你推广和支持技术所做出的贡献和努力。这些大使乐于分享，助人为乐，可以在论坛和外部社区，比如在 GitHub 和 Stack Overflow 中找到他们。

你的技术可能会成为开发者自发聚会或社区小组的讨论话题，你的产品也可能在视频网站上逐渐形成专属频道。这都要感谢那些做出贡献的技术大使，并用资源武装他们。安排他们与你的产品和技术支持团队会面，以获得最新信息并增加技术影响，安排他们参与路线图会议，收集他们的反馈并分享社区的声音。你可以组织正式的大使项目，并在网站上宣传；你也可以选择与社区大使交流，但对外保持低调。无论你选择哪种方式，识别这些人都是你的社区建设活动的关键部分。

合作伙伴项目

随着社区和生态成长，你的公司可能计划启动合作伙伴项目。不同公司的合作伙伴项目各不相同，但通常会开拓新的市场渠道，而且其成功重度依赖于合作伙伴关系。你可以通过应用商店等合作伙伴渠道向其他生态提供自己的工具，也可以通过对 ISV 等第三方合作伙伴的支持和培训，增加自己的技术在客户解决方案中的应用。无论采用上述哪种方式，合作伙伴都是你为潜在客户提供更好、更强产品的重要途径。

针对合作伙伴项目的市场开拓活动可能涉及联合的公关和广告、联席出席会议和贸易展，或其他联合营销。因为公司的规模和类型不同，合作伙伴项目可能是开发者关系项目的一部分，也可能是与开发者关系项目并列的姊妹项目。

认证

最后，你可以为产品创建认证项目。微软的开发者认证项目历史悠久、广为人知，该项目为开发者提供了知识技能的学习与认证渠道，并加速开发者的职业成长与发展。如果认证能得到行业和潜在雇主的认可，那么认证项目不仅有助于开发者申请相关工作，而且有助于你的生态系统建设，并锁定获得认证的开发者，从而助力产品销售。

商业决策者

开发者关系项目想获得成功，不应该忽略商业决策者。在一家有多维影响者和决策者的公司里，你一定希望得到两者的支持，使你的产品解决两者的问题。理想的情况是产品团队和管理团队都认可你的产品。

当你的目标受众不仅是纯粹的开发者，最有效的方法是为非技术背景的决策者创作内容，并清晰地标记这些内容的目标读者。

商务人士将乐于接受你专门为他们提供的演讲和博客，并乐于参加客户晚宴和路演。开发者关系团队组织的技术大会通常会为不同的目标人群分别召开技术分会和业务分会。商务人士还可以加入咨询委员会，以便尽早了解你的产品路线图等信息，从而帮助他们完成业务规划。

小结

虽然本书至此尚未讲完开拓市场的完整周期，但是基本完成了开发者旅程的介绍。第15章～第21章介绍了开发者旅程的概念，并深入讨论了5个阶段——探索、评估、学习、构建和规模化。

开发者旅程通过开发者视角提供了设计和监控开发者关系项目的有效工具。开发者旅程图不仅提供了通向项目成功的捷径，而且有助于加强利益相关者同步，并为上市战略和绩效标准的制定提供信息输入。

开发者关系项目的成功还需要从开发者关系的职能视角进行考虑。尽管开发者旅程的各章节都提到开发者关系框架的各个模块（开发者营销、开发者体验、开发者培训和开发者成功），但你可能仍然想知道它们之间的逻辑关系。图 21-1 展示了各关键职能（最初在图 1-1 中描述）与端对端旅程图的对应关系。第 27 章介绍各团队的角色，以使得介绍更加全面。

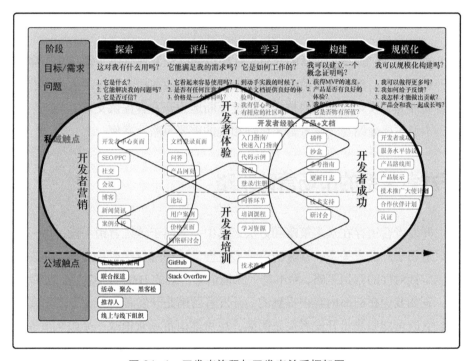

图 21-1　开发者旅程与开发者关系框架图

第 22 章　开发者营销——产品知名度、线索挖掘和合作伙伴关系

通过第 15 章~第 21 章的介绍，你很可能已经发现市场营销活动贯穿整个开发者旅程。现实情况的确如此。市场营销活动在探索阶段产生，随着开发者验证并规模化使用你的技术，持续不断地为开发者提供支持。

本章主要介绍与开发者营销活动相关的重要策略及案例。

开发者关系的市场营销策略

开发者营销存在众多策略和方法，其中一些属于传统营销手段，另一些则只适用于开发者关系。专业的营销人员会尝试理解目标客户需求，并为他们制定针对性的营销策略，而不是一味地借鉴传统的 B2B 或 B2C 营销方法。

正如我们在前面内容中提到的，开发者营销是开发者关系业务的重要分支。它既可能归属于开发者关系团队，也可能由市场营销或产品团队负责，这体现了开发者营销业务的复杂性。

以开发者培训为例，与开发者营销不同，开发者培训的主要目标是为开发者赋能，提供他们所需要的学习资源和渠道。不过高质量的开发者培训同样能够吸引开发者成为你的长期客户，是开发者营销活动的重要补充。因此，在某些方面，开发者培训同样属于成功的营销策略。

开发者营销的目标主要包括以下 3 点：
- 提高技术产品知名度；
- 寻找商机并最终形成回款；
- 规划远景目标，与当前开发者客户建立长期关系。

在第 16 章中，我们梳理了开发者旅程中常见的市场营销触点。接下来，我们将对其中最为重要的部分进行深入探讨。

由于开发者营销与开发者支持和社区构建息息相关，我们将在第 23 章中单独叙述。

开发者中心

第 16 章曾对开发者中心的呈现方式进行了简单介绍。同样，开发者中心也是重要的市场营销工具。高质量的开发者中心页面能够清楚地传递有关产品适用人群和产品用途的信息。当开发者知道产品的时候，开发者中心也是他们最先尝试深入了解产品的渠道。

随着公司的技术产品或目标开发者变得越来越多，开发者中心页面的内容也更容易变得复杂混乱。此时，你所面临的挑战便是如何在网页上引导开发者找到他们需要的内容。有效的解决办法是对内容进行分类。当然你可以选择不同的标准，如编程语言、用户场景、客户职责以及对技术的应用程度等，让开发者能够清楚地看见他们想要的内容。

一般而言，开发者中心的主页面由营销团队负责，其余页面则由开发者体验团队和产品团队管理，涉及开发者控制台、控制面板和技术工具，包括产品注册和登录等功能。如果你的公司规模较大，还可能有专门的团队负责网站的整体规划和品牌规范。

你还需要不断跟进开发者营销的整个过程。但实现这个目标并不容易，因为不同的团队之间权责相互分离，使用的营销工具或方法也不尽相同，很难统一。

如果开发者营销由不同的部门负责，那么你需要激励各个团队彼此充分沟通，实现信息透明。只有这样才能为开发者提供流畅无缝的开发者旅程。

社交媒体

互联网时代，各家公司都在不断提升自身在社交媒体上的影响力，增加产品的曝光度。同样，你可以借助企业或团队个人的账号，在网络上为你的品牌和团队打造鲜活生动的形象。尽管公司的整体立场会影响企业账号的内容，但你还是具备一定的灵活度，把账号变得更加活跃、更有风格，让更多开发者关注你。

在社交媒体上，公司形象与个人形象息息相关，每位员工都是公司的一面镜子。因此，不管他们的工作是否直接面向消费者，都需要开展社交媒体方面的培训。如果员工总是通过他的账号抱怨自己的工作，这必将对公司形象造成负面影响。你需要用好社交媒体平台，尽可能展现公司积极的一面。

搜索引擎优化和广告业务

正如第 16 章所述，开发者主要通过搜索引擎找到你的产品。因此，你不仅需要制定良好的搜索引擎优化策略，还要尽可能地使营销和培训团队撰写的产品信息易被检索，提高产品的可见度。

你还可以使用广告付费的方式提升产品曝光度，增加线索商机，也可以在外部网站上发帖，提供开发者中心链接，吸引更多流量。如果你能帮助开发者在短短的几分钟内完成探索、访问、试用、注册、采购产品的全过程，将会营造一个极佳的开发者体验。

购买搜索关键词同样非常重要。搜索关键词既可以是公司/产品的名称，也可以是目标开发者的常用搜索关键词，又或是竞争对手的产品信息。当然，你还可以参考第 14 章中的沟通关键词。在社交媒体等平台上宣传公司/产品相关的新闻、产品核心信息、活动或开发大赛，也能帮助你推广产品。

当然，你还可以根据目标开发者的特点或行业属性选择其他渠道，如网站、邮件订阅、视频网站等，让更多开发者关注你的产品。

内容营销

早在 2019 年的疫情暴发前，内容营销这个概念便已流行。企业越来越重视开发者信息获取的方式，不断优化沟通方法，确保开发者无论何时何地都能得到他们想要的信息。在许多方面，内容营销已经超越了活动营销，成为吸引开发者的关键。毕竟开发者遍布全球，不是所有开发者都有足够的精力和时间去参加开发者活动。

什么是内容营销？内容营销指以推动开发者采用技术为目的，通过为行业提供有价值的内容输出，从而实现市场营销的活动。内容营销活动的负责主体并不固定。业务主管、营销团队、开发者培训团队、技术撰稿人、视频制作团队或内容管理团队都有可能对内容营销业务负责。

内容的形式多种多样，包括案例研究、产品信息概览、产品手册、白皮书、网络研讨会、PPT、邮件订阅、博客、播客、视频等。你需要根据企业的成熟度和手上的资源，选择合适的形式以呈现内容。你可以通过自己的平台发布内容，也可以借助其他渠道，尤其是那些开发者关注的平台。

为了深入了解开发者获取信息的方式，你可以在各个平台上进行试验，以验证各个渠道的有效性，避免浪费资源。除此之外，你还需要确保内容的发布具备连贯性，而不是三天打鱼两天晒网。最后，内容营销还需要考虑读者的阅读水平，维持一致的写作风格和相同的语气语调。

内容营销既要能为开发者提供所需的产品资料，也要为行业创造有价值的内容输出，塑造行业的领导地位，从而获得商机。当然，你还可以提供具备行业深度的数据，以吸引更多开发者关注你。

2006 年至 2010 年，行业领先的移动广告运营商 AdMob 发布的《移动指标报告》（*Mobile Metrics Report*）证明了有价值的输出对内容营销的重要作用。AdMob 的客户主要是移动应用开发者，他们通过广告分成获得收入。由于 AdMob 的服务器每天都会收到巨大访问量，因此，它逐渐意识到访问量背后的数据（市场份额和生态指标分布）所具有的巨大价值。于是，AdMob 在它定期发布的报告里分享了这一数据。这也使得 AdMob 成为行业领先的广告企业，帮助它在移动应用生态等领域打造了强有力的品牌效应。《金融时报》等主流媒体纷纷引用它的数据。2009 年，谷歌公司以 7.5 亿美元的价格收购了 AdMob。

我们曾采访 AdMob 欧洲区总经理 Russell Buckley。他说道：

数据是个聚宝盆。

我们曾思考这一数据对社区是否有价值，答案是肯定的。当我们将数据分享后，社区的反馈出乎了我们的意料。我们将这份报告比作聚宝盆，可以为公司带来越来越多的市场机遇。

实际上，我们并没有投入多少资源在开发者营销上。AdMob 的所有营销活动无非就是在社区进行技术布道，在行业大会上发表演讲，定期发布报告，除此之外再无其他。当然，我们还做了一件很有意思的事，就是在我们的主页上放置了一个计数器，实时地显示我们服务的广告数量。事实上，这是一个愚蠢的虚荣指标，但后来我们才意识到这个数据所具有的巨大价值。当这个数字不断突破 5000 万、10 亿、100 亿、200 亿时，就是我们开展营销活动的巨大契机。

当我们听到竞争对手在行业大会上说道:"我们与 AdMob 类似,只不过……"我知道,我们已经成功了。

——Russell Buckley
Kindred 资本合伙人
AdMob 欧洲区前总经理

自动发送邮件

自动发送邮件能够让开发者对你产品留有印象,不断被你的产品内容所打动,甚至决定采用你的产品,从而将目标开发者转化为你的客户。一般而言,自动发送邮件需要在开发者旅程的关键节点上发送。只有开发者进入这个阶段,才会收到相应的邮件内容。通常,开发者会在持续几周的时间内陆陆续续收到邮件,而你的任务则是找出其中的最佳时机(可以通过 A/B 测试找出最合适的时间点)。

自动发送邮件的时间点包括如下这些。

- 开发者完成活动报名程序时。此时,你需要提前为开发者提供与活动相关的信息,并提醒他们按时参加活动。在活动结束后,你还应该分享活动中用到的资料,告诉他们下一步的安排。

- 开发者注册成为正式开发者时。此时,你可以在邮件内附上一系列与产品相关的链接,为开发者提供诸如产品入门指南、技术文档、用户场景以及其他开发者的成功事例等。

- 开发者注册使用技术后,在较长的时间内没有应用技术,或未完成基本的技术操作时。此时,你需要主动与他们联系,了解他们遇到的问题。自动发送邮件的内容包括类似问题的解决办法、技术支持或常见问题解答的文档。你也可以通过邮件发送调查问卷以统计他们遇到的问题。

市场合作伙伴关系

和同一生态下的其他企业建立良好的合作伙伴关系非常重要,尤其是在你尝试建立宣传渠道的初期。好的合作伙伴关系能够帮助你更广泛、有效地触达目标开发者，降低成本。

打个比方，假设你的目标客户是使用 IBM 技术的开发者，此时，想要针对如此庞大的群体独自开展营销活动是非常困难的。如果你推销的是全新的技术产品，难度则更大。一个更加合理有效的办法是成为 IBM 的合作伙伴，将你的技术产品纳入到 IBM 的云服务目录下。此时，无须承担任何营销费用，你的产品就已经直接呈现在目标开发者的面前。对于全新的技术品牌，与 IBM 这样成熟的公司合作更能帮助它增加信誉。

许多类似 IBM 的供应商都会提供生态合作、产品目录、应用商店或合作伙伴项目。你可以将你的技术变成这些供应商项目的一部分，例如 Salesforce AppExchange、Rakuten RapidAPI、Google Cloud 等。

合作伙伴关系的建立不仅仅适用于大型平台公司的技术生态。我们在第 12 章和第 13 章关于开发者细分和画像的部分曾提到，你的目标客户除开发者之外，也包括遍布世界各地的创业公司首席技术官。想要将技术产品呈现在他们面前，既可以透过技术社区与他们联系，也可以借助创业公司的生态系统。例如，你可以与创业加速器、创业空间、风险投资或当地的政府创业平台建立合作伙伴关系，通过提供产品折扣、对话会、免费的技术服务等功能，让越来越多的创业公司了解并使用你的技术产品。

开发者社区

积极融入目标开发者所在的社区也是一个重要的营销策略。在社区中，目标开发者成为你的用户群体。开发者社区的种类丰富多样，既有像 Stack Overflow 一样综合的大型开发者社区，也有数以千计专业性较强的小型社区。有些社区只局限于线上，有些社区还会举办线下活动。同时，开发者社区的功能也各有侧重，比如聚焦产品的 Kubernetes 社区，聚焦女性开发者的 Women Who Code 社区，聚焦技术的 Subreddit 社区，聚焦资源分享的 Indie Hackers 社区，聚焦本地开发者的社区等。你需要选择团队所熟悉的开发者社区开展营销活动。

在开发者社区推广产品的任务一般落在技术推广大使的身上。需要注意的是，社区工作不能急功近利，必须一步一个脚印。不过，一旦团队成为开发者社区中可信赖的一员，产品推广也会变得更加有效。除在社区内分享产品和公司信息以外，你还需要为他们提供技术支持。只有成为社区中真诚、主动和受人尊敬一员，你才能不断增强社区影响力，更好地推广产品。

小结

开发者营销在开发者关系领域扮演着重要角色，对提升产品知名度、创造商机、构建合作伙伴关系至关重要。开发者营销活动的形式多种多样，既包括搜索引擎优化、社交媒体、广告等传统营销渠道，也包括与开发者社区互动这样独特的营销方式。除此之外，我们还了解到：内容营销在最近几年越来越流行，并在许多方面超越了活动营销，对提升产品知名度具有重要作用。

第23章 开发者活动——线上和线下活动

开发者活动不仅是开发者营销的基础，也是开发者关系部门在社区中推广技术的重要渠道，是扩大开发者培训目标群体的重要方式。开发者活动的形式不一，既可以是大型的会议或贸易展览会，也可以是小型会议或线上/线下的黑客松。你可以参加其他公司组织的开发者活动，也能自己设计运营。

新冠疫情后，线下组织的开发者活动是否呈现复苏的趋势？还是说越来越多的活动采用线上或混合的形式开展？开发者关系是不是越来越多地将工作重点放到开发者培训和相应的材料上？

我们认为：开发者活动仍将以线下的方式为主，因为面对面的沟通不仅能够及时有效地传递信息，而且能加强开发者之间的联系，促进开发者社区的发展。这是线上活动难以达到的。由于线下活动要求每个人到场，因此将有效地提升开发者的参与度。

本章将从战略的角度探讨开发者活动的特点，并提供针对开发者活动的待办事项清单，帮助你更加高效地计划并落地开发者活动。接下来我们先从开发者活动的特点开始介绍。

开发者活动的特点

在开发者关系的众多工作中，开发者活动通常被认为是简单高效的技术布道方式，主要有如下几点原因：
- 无论是在企业内部还是企业外部，开发者活动的能见度高；
- 开发者活动用时短，费用低；
- 相比发布新产品，举办开发者活动不需要复杂的审批流程（除举办大型的开发者大会以外）；

- 对公司来说，举办开发者活动能够提升品牌价值，凸显公司的先进技术和对开发者社区的关注；
- 如果公司感受到同行的竞争压力，总会采用开发者活动这一能见度高的方式去尝试追赶，随大流而上。

事实上，开发者活动是一种需要极大投入的市场营销活动，其营销的对象就是开发者。对于那些仍未启动的开发者活动，其面对的一大问题便是如何向领导清晰阐明活动的投入产出比。

> 对此，我们的建议是：
>
> 在你思考开发者活动能为你带来什么时，先要搞清楚举办活动的初心是什么。

在 2019 年的疫情暴发前，开发者活动数量很多，但却如出一辙，毫无特点。"有数量，无质量"是开发者活动的现状。目前，这个问题仍在不断恶化，因为开发者活动作为一种营销方式，成为开发者关系团队的考核指标，经常是为了举办而举办。然而，更重要的问题是：开发者活动对开发者来说价值何在？

——Matthew Revell
Hoopy 公司创始人兼首席执行官

开发者活动的形式

无论是线上还是线下，开发者活动数量众多，而且形式多样，例如会议、展览会、聚会、黑客松或实时的编程活动。除此之外，开发者活动涉及众多主体，如开发者、公司、政府部门和社区等。

因此，你需要明确参加各类开发者活动的原因：

- **学习**——学习具体的技术，熟悉社区和组织者，了解竞争对手和网络。
- **演讲**——如发表主旨演讲，以展现公司在该技术领域或行业中的权威性。

- **培训**——通过技术演示会或研讨会传递技术的使用方法和应用场景。
- **参与**——举办自己的展览会或加入合作伙伴的展览会。
- **赞助**——和其他品牌联动,提升自身品牌的曝光度。

在参加开发者活动前,你需要回答以下几个问题。

- **开发者活动是否可信?** 如果你参加的开发者活动声誉欠佳,又或者开发者对它的兴趣逐渐下降,那么参加这个活动或许不是件好事。开发者关系领域有一条黄金法则:永远不要赞助一个你从未参加过的开发者活动。一个理想的开发者活动具备以下特点:你的开发者关系团队了解它的运作方式及其质量和声誉的好坏,或者至少能够通过调查你的开发者社区了解它的声誉,例如该活动是否有可靠的行为准则,是否支持弱势群体的项目。此外,你还可以考察其之前的赞助商和演讲者,判断它是否能够吸引高质量的开发者,是否具备多样性。毕竟其他的赞助商和演讲者和你一样,需要对活动做出判断。因此,当一个开发者活动拥有知名的赞助商和演讲阵容,这是一个积极的信号。即便你无法从活动组织者那里获得确切的数据,你也可以通过查看活动照片、活动期间和活动后开发者在社交媒体上的讨论度,以及参与者的反馈来做出判断。当然,你还可以观看以往活动的视频,以衡量演讲的质量、活动规模和开发者的参与度。
- **开发者活动是否聚焦我们的开发者群体?** 你需要确保通过参加这个开发者活动,你能够触达目标开发者群体。正如第 12 章所述,准确定位你的技术产品受众是任何营销活动成功的基础。开发者活动也不例外。因此,你需要调查参与这个开发者活动的开发者是不是你的目标群体。
- **我们能恰当地展示自己吗?** 你能决定你的赞助方式或展现形式吗?参与活动的开发者仅仅是为了争取一个演讲机会,还是他们真的对你的某个话题感兴趣?参与活动能够有机会展示我们的技术产品吗?整个活动是否被录制,以便让更多的观众看到。我们的竞争对手参加这个活动吗?我们该如何定位自己?

- **我们是否有充足的资源？** 你需要判断团队是否有足够的人员、时间和预算，以顺利完成参加一个开发者活动的所有任务。一个有益的方式是为你的团队制定年度开发者活动路线图。如果这是一场面对面的活动，你需要确保参加活动的员工当天有足够的时间完成任务。如果你的开发者关系团队中只有一个 Python 技术人员，那么要求他在同一天参加柏林和伦敦举办的两个 Python 活动是不可行的。

活动前

如果你已经决定投入资源以参加开发者活动，那么要想从活动中获得成功，你要做的绝不仅仅是出席活动。以下是参加开发者活动需要做的准备工作。

- **制定预算**——针对参与开发者活动的团队、所需的资源和活动费用制定预算。
- **开展营销活动**——在活动前积极开展营销活动，以确保在开发者活动中有较高的参与度。
- **构建团队**——将团队成员的技能与预期的开发者受众需求相匹配。换句话说，永远不要把非技术销售或市场营销人员放在开发者面前，也不要把 Java 开发者放在 Ruby 开发者面前。第一印象很重要，这会在开发者脑海中留下持久的印象。你需要确保你选择的发言人受过公开的演讲训练，有舞台表现力，能够以一种有效的方式传达内容。发言人需要对产品的技术、流程、定价等信息了如指掌，这样他们才不会在接受开发者提问时手足无措。
- **制订计划**——提前将所有活动事项记录下来，并及时向团队汇报活动进展。这些事项主要包括活动的时间、地点、展位、参与人员的联系方式、交通路线，以及谁负责携带横幅、笔记本电脑等物品。
- **提前模拟技术演示过程**——在大多数开发者活动中，你都有机会在舞台上演示你的技术产品。虽然演示的时间并不固定，但这是吸引用户兴趣的关键机会，能够为你的展位带来更多的人流量和与开发者交流的机会。尽管并非所有产品都能达到这样的效果，但还是需要尽可能地用你的技术产品创造一种"魔法"般的现场体验。这样的"魔法"可以是一个跨 API 的交易，也可以是任何能够吸引观众眼球的事情。此外，你需要证明你的演示是实时的，而不是幻灯片的堆叠。演示的目标是向人群展示你的技术产品。整个过程需要做到干净明了。因此，你需要不断练习演示过程。

- **选择一个与众不同的展位**——正如地段对房屋价值起着决定性作用，对展位来说，好的位置是关键。你需要提前与活动的组织者讨论展位平面图。如果没有平面图，至少要沟通一下展位的位置。只有选择一个人流量大的地点，才有更多的机会吸引开发者和你交流，让开发者看到你的品牌。第一印象很重要。你需要创造一种方式来吸引开发者来和你交谈。

- **将每个开发者活动当作宝贵的营销机会**——找出与活动相关的技术内容，或创建新的内容以填补空缺。你需要在社区中识别那些对活动感兴趣的潜在开发者，并让他们知道你会参加这个开发者活动。你可以呼吁他们报名参加活动，或者在活动期间安排开发者与你的团队见面，也可以让他们下载你的内容（例如与活动主题相关的备忘录），甚至为开发者举办比赛，获胜者将得到免费的开发者活动门票。

活动中

- **提前到达活动现场并测试仪器**——提前测试电源、AV 连接器、麦克风、幻灯片、视频和网络等设备。你需要制定清晰的展位礼仪规范，例如着装恰当，在展位及周边区域避免进食，工作时不看手机，并且避免与同事聊天，休息时远离展位。展位工作人员应时刻保持热情。

- **利用活动标签推广产品技术**——利用你的社交渠道推广产品。你可以发布有趣的演讲内容，例如精彩的语句、照片和视频等。活动标签不应该只有你的产品，你也可以尝试选择一些开发者社区感兴趣的话题进行分享。

- **捕捉线索**——这是你在那里的最重要的原因。你需要尽可能地与每一个潜在客户进行对话。根据开发者活动本身的特点，组织者可能会向你提供捕捉线索的方法，也可能不会。与此同时，线索的质量也不尽相同。如果你的公司已经有了一套线索好坏的鉴定方法，你可以直接在活动过程中使用，以便决定是否对其进行后续跟进，并将其转化为商机。
- **收集反馈**——借开发者活动收集与会者对技术产品和公司的了解程度和看法。你可以使用正式的方法，比如开展调查研究，也可以和参会者进行非正式沟通。
- **组织其他活动**——你可以邀请活动的参与者吃饭或听音乐会，或者举办一个招待会。如果开发者活动在你的公司所在地举行，你也可以邀请他们到公司做客。

活动后

- **跟进线索**——你的首要任务是及时跟进活动中收集的线索。你需要对高质量的线索进行直接沟通，同时将那些不太可能成为客户的人纳入自动联络名单。
- **收集并包装活动内容**——你可以将参与活动的照片发布到微博等社交媒体上，鼓励人们发表评论，又或者在博客上发布活动帖子，上传演讲视频，附上活动标签来提高产品的曝光度。
- **对活动进行复盘**——让参与活动的所有人都加入复盘会，以确保复盘内容具有代表性。在复盘会上，你需要收集活动中所有的关键指标和数据，并与团队一起头脑风暴，看看有哪些值得借鉴的经验。复盘的目标是及时总结经验，改正错误做法。这有助于传递积极向上的工作文化。这些不断沉淀的经验成为下一次参加活动的宝贵财富，它们将帮助你判断什么该做，什么不该做。

线上开发者活动

上述建议主要针对线下的开发者活动。但如果这是一个线上开发者活动呢？其实除具体的案例有所区别以外，上述建议同样适用。例如，即使是为在线展台配备工作人员，开发者的第一印象同样非常重要。

新冠疫情的出现让线上开发者活动经历了爆炸式增长。但线上开发者活动对开发者关系来说并不陌生。许多线上开发者活动已成功运行数年，以低成本的方式覆盖了越来越多的开发者人群。

根据我们的经验，相比线下的开发者活动，通过线上活动吸引开发者注意力难度更大。此外，试图使用虚拟的在线展厅复制现场活动体验通常效果糟糕，参与人数低，气氛尴尬。开发者也很难自然地走进一个展位，开启一段对话。

以下是参加线上开发者活动的注意事项。

- 提供镜头指导，包括演讲者的外观、色调、服装、房间设置以及虚拟背景等。
- 确保产品演示的过程被记录下来，不仅可以为日后的营销活动所用，也能在回顾产品演示的过程中不断总结提高。
- 在活动前和活动期间确认虚拟展台和营销资产（徽标、营销宣传品、产品演示、可下载内容等）的访问权限。你需要不断测试，测试，再测试，因为一些线上活动平台操作起来可能很复杂，或者没有你所预期的功能和结果。
- 提前明确营销资产的技术规格，如徽标、横幅和文案长度，确保专业度。
- 确保人手充足。想要在线上开发者活动上吸引开发者的注意力，离不开开发者关系团队的支持，你需要安排人员随时监控虚拟展台，并通过线上聊天和社交媒体提高开发者参与度。时区的不同会让这份工作变得非常有挑战性。
- 寻找机会向组织者提供宣传内容，以便在活动前后发布在他们的网站上，以获得额外关注。
- 在活动前检查网络和设备质量，如相机、麦克风和照明设备等。
- 提前向开发者展示你的演讲框架。这有助于防止他们迷失在电子邮件中，避免他们遗漏自己最关心的内容。
- 由于参加线上活动的门槛较低（例如，不需要出差，通常是免费或低价的），我们发现，听众可能并不完全是你的目标受众。你可以在演讲开始时尝试了解观众的组成，比如"谁听说过……""你们当中有多少人……""你们对……有多少经验?"以确保你的内容与听众相匹配,并根据实际情况随时调整。

- 不要过度依赖幻灯片——对于线上开发者活动,参与者通常将其放在后台运行,更多的是在处理其他事项时,通过听音频获取信息。
- 问问题,做调查,或使用类似的技巧来提高听众的参与度。
- 合理控制线上开发者活动的时长。计算机上有太多干扰事项,人们很难连续数小时盯着屏幕参与活动。你要确保演讲的时间不超过 2 小时,演讲人数控制在 3 个以下。
- 考虑触达目标开发者的最佳渠道和方法。有越来越多专业的线上活动平台(如 Hopin、BigMarker、vfair 等)、在线会议工具(如 Zoom、Google Meet、Microsoft Teams 等)以及内容平台(YouTube、Facebook Live、Twitch、Clubhouse 等)。你需要确保你所参与的所有线上开发者活动得到录制,使其能够完整回放。

我们发现,开发者活动是创业公司获得曝光度的好方法,但由于开发者活动数量众多,预算有限,我们需要做好功课,以便获得最大的投入产出比。对开发者关系团队来说,最有价值的是那些愿意为我们定制赞助的推广者,他们不仅介绍我们的技术产品,还帮助我们收集邮件列表。尽管"虚拟展位"经常与现实存在出入,但线上开发者活动平台仍然是十分重要的。目前,诸如 Grip 这样的平台可以随时更新你的展位内容,帮助你与开发者进行交流,提升开发者活动的体验。

此外,不要害怕在活动开始前和组织者争取你需要的东西。你也可以在活动后和组织者协商,以获得额外的奖励,对当时未履行的承诺进行补偿。

—— Martin Isaksson
PerceptiLabs 公司联合创始人兼 CEO

组织开发者活动

除参加活动以外,你还可能组织自己的开发者活动,包括线上和线下两种形式。这其实并不少见,因为公司希望能够自主决定活动议程,为社区的开发者提供量身定制的体验。

一般而言，开发者关系团队自主组织的活动规模都不算大，例如聚会、研讨会、问答环节的答疑会等。

大型公司通常拥有丰富的预算，会自己举办针对开发者社区和技术生态系统的开发者大会，例如苹果公司的全球开发者大会、Dreamforce 大会、AWS re:Invent 全球开发者大会、F8 大会、微软公司的 Build 大会、Twilio Signal 大会以及三星公司的全球开发者大会等。举办这类会议经常需要耗费一年或更长的时间，辅以数百万美元的预算支持，并雇佣多家专业公司对开发者大会方案进行筹划、制作和执行。

无论活动规模如何，你都需要在最开始对待办事项进行梳理，并明确活动目标。其他开发者活动所沉淀的经验和策略同样适用于你自己举办的活动。毕竟所有开发者活动都会遇到相似的问题，比如创建哪些事件、如何吸引受众并跟进线索，以及如何衡量投入产出比。

开发者活动的旅程

组织活动和参加活动之间最大的区别在于你需要额外承担活动的筹划、保障和执行工作。营销的核心是从开发者的视角出发，设身处地为开发者着想。与开发者旅程一样，你需要为开发者活动创建一个类似的旅程。

开发者活动旅程从开发者了解活动开始，一直到活动后组织者结束对开发者的跟进为止，其中贯穿的开发者体验和各类触点的总和就是开发者活动旅程。

这些触点会影响开发者对你的公司和产品的看法。他们在开发者旅程整个过程中的体验将决定他们是否在活动期间或者活动后与你接触，了解你的技术产品。你的目标是消除活动过程中任何可能引起开发者感到不适的摩擦或障碍。毕竟没有什么比参加一个主题不明、毫无共鸣的活动更糟糕的了。

你可以通过如下的问题来发现潜在风险。

- 我们是否简化了注册流程？
- 我们是否需要帮助他们得到领导批准？
- 开发者有足够的时间准备吗？

- 当他们到达活动现场时（线上和线下），我们需要打招呼吗？
- 我们的演讲者准备好了吗？

在开发者活动旅程中，你需要考虑如下触点，如图 23-1 所示。

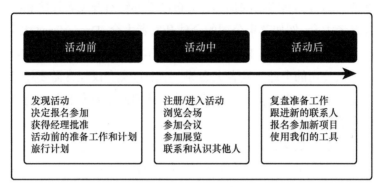

图 23-1　从开发者的角度看开发者活动旅程

我们建议你为可能参与活动的每个角色创建相对应的开发者活动旅程。对于大型的开发者活动，你还需要考虑参会者的商业头衔、媒体和投资者。由于每个角色参与开发者活动的动机存在差异，你需要了解他们在活动中希望看到、听到、学到和经历什么，如图 23-2 所示。

活动	独立公司	创业公司	品牌	企业
看到	任何新技术、合作伙伴技术和演示	任何新技术、合作伙伴技术、案例研究/演示	任何新技术、合作伙伴技术和演示	任何新技术、合作伙伴技术和演示
听到	我们所有的技术	我们所有的技术	我们所有的技术	我们所有的技术
学到	编程技术	技术概述，如何实现商业化	技术概述，与我们一起营销	编程技术、技术概述、技术安全/架构
经历	同行、明星开发者、我们的技术人员	同行、明星开发者、投资者和我们的技术人员——技术和商业规划	合作伙伴、创业公司以及我们的商业规划	合作伙伴、我们的商业规划和技术

图 23-2　针对角色规划开发者活动旅程

黑客松

黑客松是一个让开发者亲自实践技术的开发者活动。在黑客松上,开发者个人或团队将相互竞争完成一个软件或硬件项目的开发。黑客松的组织者通常会设定一个主题,并指定技术产品供开发者开发。这些技术产品通常来自活动的赞助商。与其他开发者活动类似,黑客松既可以线上,也可以线下举办。除此之外,你需要确保黑客松的主题与你的产品定位保持一致,明确活动的预期,并做好配套的营销和保障工作。黑客松可以是私人活动,也就是说其目标人群仅针对主要客户的开发者或公司内部的开发者,只有受到邀请的开发者才能参加;也可以是公开活动,或以混合的形式举办,比如你可以邀请社区中的开发者与自己的开发者合作完成项目。

以下是一些针对黑客松的注意点。

- **明确活动目的**——你是为了验证新产品的技术可行性,收集开发者反馈,还是服务开发者社区、为你的产品和公司制造话题,又或寻找合作伙伴、为你的产品收集创意?你需要清楚地了解活动目的并据此制订相应的计划。
- **审视活动预期**——一般而言,活动的规模和奖金通常与项目质量成反比。如果你在硅谷举办一场大型、公开、奖品丰厚的活动,也许会吸引众多参赛者,但他们对与你建立长期联系并没有兴趣,其真正动机或许只是追求奖品。而在专业化/商业化的市场中,规模更小、受众更集中的活动反而可以让你的团队和参赛者之间有高质量的互动,产生更好的结果。第 10 章中 Salesforce 花 100 万美元举办黑客松所引起的争议便是绝佳的例证。
- **黑客松是一项编程技术活动**——你需要安排技术人员在活动现场回应开发者疑问,激励各个开发者团队完成项目,并帮助他们处理编程过程中遇到的问题。
- **注意比赛时间**——参赛的开发者通常对技术产品并不熟悉,只有很短的时间来完成项目开发。因此,你需要对他们交付的结果抱有合理期望。

- **不要期望在比赛中掌握参赛者的知识成果**——开发者对他们的开发项目具备所有权。
- **及时分享你的技术产品信息**——当你越早将产品信息传达给开发者，他们就会有更多的时间了解你的技术，判断你可能会感兴趣的项目类型，当然，你还可以提前给他们一些时间熟悉你的技术，比如产品的模块、SDK、API 等。
- **阐明比赛主题和背景**——开发者越专注于给定主题，越了解背景信息，产品或应用的开发结果就会越好。松散的比赛主题通常会激发更多的创意和不寻常的创新，但聚焦的主题则更有助于产生全面且完善的想法。这些想法通常会与你的产品和公司息息相关。在过去，我们曾举办一场黑客松，当时许多绝妙的应用被创造出来，但在评判过程中，超过一半的应用被否定了，仅仅是因为它们不符合法律规定。因此，你必须提前向开发者阐明这类限制，避免浪费时间。

如果你想了解开发者社区对一场精彩黑客松的看法，请查看"黑客日宣言"（Hack Day Manifesto）。

开发者活动的投入和回报

任何活动结束后的第二天，你会被问到的第一个问题便是"活动进行得怎么样"。

当我们在评估开发者活动的投资和回报时，尽管需要用数据说话，但过犹不及。你需要选择合适的指标对活动进行衡量，淘汰那些无用的指标，这一点我们将在第 26 章中详细探讨。

评估开发者活动的常见指标如下。

- 活动前/活动中/活动后，开发者与你的品牌或技术产品的互动程度。你需要观察博客流量、网站流量等是否转化为实际参与（如开发者从网络上下载技术产品的内容、联系技术产品的销售或进行注册），以及与竞争对手相比，你的产品说服力和开发者反馈是否出现变化。
- 门票销售情况、出席率（即缺席率）和预先安排的会议数量。

- 在活动中收集的线索及高质量线索所占百分比。
- 潜在线索转化为商机的方式及需要的时间,以及实现商机的数量和价值。

虽然数据很重要,但却并不是全部。你还需要在活动过程中收集有趣的事迹、记录精彩的名言和对话,调查开发者的反馈。这些信息能够帮助你从定性的角度对开发者活动进行更为全面的评估。

小结

开发者活动是开发者营销的基础,也是开发者培训的重要组成部分。开发者活动还具有短期见效的特点。无论你是参加还是组织开发者活动,其中都包含诸多细节,需要制订周密的计划。正如开发者旅程一样,你需要构建针对开发者活动的旅程,深入了解开发者在整个活动中的体验。最后,通过定性与定量的方式衡量开发者活动的投入产出比,能够帮助你评估活动结果。

第 24 章　销售：破除偏见——开发者关系和销售协作共赢

开发者关系就是销售。

公司的每位员工都应该时刻把自己当成销售人员。否认这点会伤害你在公司的影响和价值。

在开发者聚会上介绍产品功能其实属于销售行为。通过博客介绍炫酷的案例也属于销售行为。编写 API 的说明书同样属于销售行为。与朋友聊天，赞赏公司的创业文化还是销售行为。事实上开发者关系就是销售。

本章解除大家对销售的刻板印象，并展示如何针对开发者关系优化销售流程。从而解除你对销售的恐惧。

了解现代销售

现代销售的核心是帮客户解决痛点。销售人员必须深入了解客户的需求，包括他们的问题、背景、环境、资源和行业等。你必须设法让他们敞开心扉，接受创新思路和实用方法。

理解问题是解决问题的前提，因此成功的销售人员首先需要倾听，其次需要在了解问题的基础上，运用丰富的技术和业务知识解决它。没有什么比无视客户情况的复杂性和细微差别，进而忽略客户问题更糟糕的事。

虽然 Twilio 公司开发者手册的大部分内容已成为开发者关系领域的事实标准，但 Twilio 公司也走过很多弯路。从硅谷到旧金山高速路两边，Twilio 公司投放了《问问你的开发者》主题广告牌。这些广告牌上宣传的每条开发者关系策略都能找到反面案例。例如客服中心云服务 Twilio Flex 发布之初，营销标语是可以用"几行代码"搭建客服中心。虽然这与 Twilio 公司的"简约"营销理念相得益彰，但它完全掩盖了在大型组织内建立和运营客服中心的复杂性、依赖性和紧要性。更重要的是，这种对客户的无知使客服中心专业人员感到自己作为客户被轻视，以致他们质疑 Twilio 公司是否完全了解客服中心业务。

现代销售方法还揭示了为什么销售团队愿意与开发者关系团队合作，因为专业知识有助于支持客户解决问题。

超越自助服务

最初发布产品时，你可能认为完全可以通过开发者自助服务的模式向他们提供业务。

这种全自助的方式最初往往是合适的选择，但随着产品的口碑传播和服务量的增加，一些触发因素会促使你考虑创建正式的销售业务或与现有销售团队更紧密地合作。

这样的触发条件可能如下。

- 大型组织开始通过自助渠道注册。有时，大公司员工会使用 Gmail 等私人邮箱，而非公司电子邮箱进行注册。这种"隐身模式"注册，可能是公司有意而为，以避免透露公司的兴趣，也可能是开发者在业余时间的个人试验。你需要保持警觉，积极接触他们，了解他们感兴趣的场景，并努力赢得他们的青睐。一旦他们用公司邮箱注册，就要及时纳入销售渠道。
- 大公司可能会通过自助服务和实验发现你。但是，他们在做出最终购买决策前，需要满足特定的需求，例如将你的公司加到他们的优选供应商列表、启动招标流程、在协议中添加隐私和安全条款，以及就合同条款和价格进行谈判。这些需求与标准开发者关系业务有很大不同，需要专业的技能组合和团队成员。
- 如果他们与你的公司已有业务关系，客户可能首先联系他们的销售代表。为了保证业务高效进行，销售应该提前了解你的产品和交付条件。靠佣金谋生的销售往往具有较强的阵地意识，因此他们希望提前看到你具有为"他们的"客户提供服务的能力。
- 随着产品和品牌知名度的提高，你将开始（有意或无意地）服务核心开发者以外更广泛的受众。你将吸引越来越多技术或非技术受众。由于他们往往不直接编写代码，因此他们对内容所期待的体验和风格也有所不同。他们的职务头衔因公司而异，因此他们中的非技术人员通常希望与销售或商务人员对接，而不直接与开发者布道师对接。当然，他们中的技术人员更愿意对接解决方案架构师、技术售前或销售工程师。

- 随着公司收入增加，内部预期也会随之增长。现在和未来的投资者都会希望每季收入持续增长，并确保你能识别和捕捉到全部市场潜力。对计划 IPO 的公司，情况尤其如此。在此过程中，公司总是设定更高的销售目标，建立更复杂的销售机制。因此，公司会增加主动触达客户的营销活动以寻找新客户，也会补充接待客户的自助渠道，以加速收入增长和扩大市场份额。

开发者关系与销售的协同效应

那么开发者关系和销售是如何协同工作的呢？我们发现，当开发者关系和销售具有强烈的合作意愿、对彼此优势的欣赏以及成熟老练的业务领导时，双方的合作会非常顺畅。图 24-1 显示了开发者关系活动和销售活动如何协调一致地影响、赢得和增加业务机会。

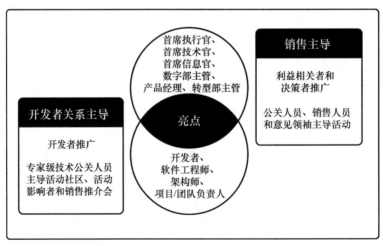

图 24-1　自上而下和自下而上销售方法的亮点

你的开发者关系团队负责的活动专注于组织中的开发者和相关技术职位。如前几章所述，你的战略战术、消息传递和渠道都应该为这些技术受众优化。

与开发者关系并列的营销团队寻找、触达和影响同一家公司的商务人群。他们的信息、策略和渠道应该匹配非技术受众。

这一切都应该通过"最佳击球点"融合在一起。理想情况下，目标公司的所有相关决策者和利益相关者一致支持你的产品。

Ameer Badri 曾在包括 Netlify、Twilio 和 Salesforce 在内的多家高速成长公司中领导面向技术客户的销售团队。他具有与开发者关系团队密切合作、成功销售的丰富经验。与开发者关系合作是他一贯使用的有效策略。

> **开发者关系和销售和谐相处**
>
> 在 Twilio 公司中，我们赢得的大量订单源于开发者关系团队早期与这些客户的技术合作。我们常听说"我听过 Twilio 公司开发者关系专家在行业大会或聚会上的发言"。这种技术普及增加了客户对产品的熟悉度。当然，赢单前还有很多工作要做，但技术合作帮我们迈出成单的第一步。
>
> 在过去 5 年中，我看到开发者关系与销售合作的巨大变化。两者曾经像油和水一样难以融合，这样的日子已经一去不复返。在 Netlify 公司，开发者关系团队与销售人员一起参加客户会议，并帮助销售制作相关内容。两个团队共同聚焦解决客户问题，为公司增加收入。
>
> —— Ameer Badri
> Netlify 公司全球解决方案工程高级总监

开发者关系和销售的流程对齐

进行开发者关系项目的公司各具特点，大家的成熟度、组织结构、商业模式和变现手段都存在差异。但是，所有公司拓展开发者市场过程中的规划和监控方法大同小异。

所有开发者关系项目都遵循如下 3 个框架。

- **开发者旅程**——第 15 章介绍的开发者旅程反映了开发者的阶段性目标。你的客户（开发者）的需求始终是最重要的。
- **开发者关系目标**——这 4 个目标（感知度、活跃度、参与度和留存度）反映了开发者关系团队拓展市场的使命。第四部分的章首图概括了这 4 个目标。
- **典型销售漏斗**——销售/营销漏斗有很多变体，所采用的术语和阶段略有不同。本书采用的销售漏斗参照了广泛使用的 Salesforce 和 HubSpot 销售漏斗。用你偏爱的销售漏斗替换本书采用的营销漏斗非常方便。销售漏斗通常由营销团队、营销团队和客户成功团队合作管理。

图 24-2 显示了 3 个框架如何协同，以便你根据实际情况对齐和排列相关活动。

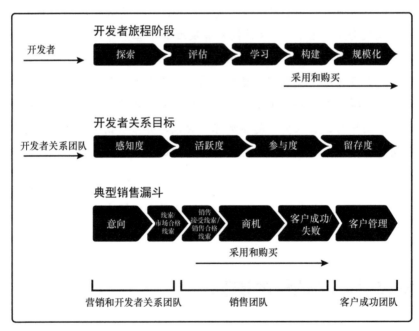

图 24-2　将开发者旅程和开发关系目标与典型的销售漏斗进行映射

（注意：这里各个阶段并不是一一对应，仅用于说明）

对齐和排序示例：直接收入——自助运营

为了更好地理解开发者关系和销售如何协调，我们来看一个例子。一家公司向开发者提供自助式服务，并直接向调用技术的开发者收费。这个项目中，入站营销由销售、市场和开发者关系这3个独立团队共同管理。由于这种合作引入了高度的复杂性，因此了解工作流如何对齐非常重要。

以下说明此示例中各团队、各框架如何协同工作。

- 流程开始时，开发者关系目标与销售漏斗自然一致。**大家的共同目标是提高产品感知度，吸引潜在客户。**
- 由于大多数开发者关系项目都提供成熟产品的试用和**评估**机会，因此开发者可以免费注册，成为**活跃**用户。也就是说，从开发者关系目标视角，这里先后实现了开发者的**活跃度**和**参与度**。当然，如果项目不提供"先试后买"，那么会先提高**参与度**，后实现**活跃度**。
- 当开发者处于试用或**学习**阶段时，他们被销售视为**商机**，因为他们是否会成为付费客户，并在商用你的产品仍然是未知数。基于各种原因，开发者可能长期试用，因此我们在开发者旅程中指出，**采用和购买**决策可能发生在任何地方。
- 只有付费后，开发者才被视为销售视角的"**客户**"。这就是为什么开发者路程的**构建**阶段与营销漏斗中的**获客**同时发生。正如第 20 章所讨论的，这是开发者关系项目的关键时刻，开发者经过深思熟虑，在这阶段做出采用你的技术的关键决定。
- 一旦开发者在生产中成功采用你的技术，项目的重点就会转移到开发者的培养和保留上，以确保他们长期保持客户身份，并提供额外的营收。这就是为什么开发者应用**规模化**与开发者**留存**、销售**客户管理**和客户成功保持一致。

如果开发者关系项目执行得当，大部分开发者的转化不需要销售干预。如前所述，如果能提供极致的开发体验，开发者可能在几小时甚至几分钟内完成从潜客到商机、最终到获客的转化。

然而，在很多组织中与销售和商务团队的合作需要更多协同。这样的组织往往具有开发者关系团队、体量较大的客户或大量同类客户。销售团队沟通方式更正式，且擅长谈判。因此，他们更需要以开发者习惯的方式进行沟通，并为销售提供电话支持和销售文档。

小结

现代销售以解决客户痛点为目标，是开发者关系的重要组成部分。在创业公司中创建正式的销售团队或在成熟公司中与销售团队建立紧密联系都可以创造开发者关系业务成功必需的协同效应，从而伴随开发者的规模化，帮助公司扩大影响、赢得商机、增加营收。

第 25 章　社区——你是社区服务者

本书特意把社区这一章放在拓展开发者市场部分的最后。社区是开发者关系的重要组成部分，也是贯穿本书的核心主题。然而，社区常被误解、误用甚至轻视。因此社区值得独立成章，单独讨论。

社区对开发者关系及其项目成功至关重要。开发者关系框架（见图 1-1）将社区比喻为树的干和根。强壮、健康的树干支撑树木生长，而深植于土地、盘根错节的树根在树和外围生态间交换养分。我们以树木和树根比喻开发者关系项目及其服务的开发者社区的关系。这个隐喻还形象描述了各种形式的社区活动内接项目业绩，外接生态发展的重要作用。

在开发者关系上下文中，社区有丰富的内涵。它可以指结构化管理的活动，也可以指志趣相投者组成的正式或非正式团体，甚至指你的项目管理理念。

我们来看看社区及其含义为什么经常与开发者关系项目混淆。例如，你有开发者关系项目并不意味着你一定有一个健康、充满活力的开发者社区。同样，"你的社区"并不意味着你可以控制它，或了解如何利用它。与此相反，你可能已经有社区，但还没意识到！

接下来我们解读这些概念。

什么是社区

一些开发者关系项目声称自己拥有百万成员的社区。这个数字乍听起来令人赞叹和激动。然而，魔鬼藏在细节中。深入挖掘后，你可能发现他们的邮件订阅列表中确实有 100 万个邮件地址，但是只有半数以下的人使用他们的产品，其中只有 10% 是活跃用户，所有"成员"对项目都没什么贡献，更不会给项目点赞。了解了这些细节，你还会认为他们拥有百万成员的社区吗？

在开发者关系中，社区成员没有标准定义，也没有对公司社区成员数量的透明度或审计报告。因此，请注意，避免简单地对比不同公司的社区成员数量。

社区的简单定义是**一群拥有共同兴趣的人**。共同点可以是一个话题、他们居住的地方、他们喜欢的品牌或者他们购买的产品。采用这个松散定义，开发者关系项目社区比较容易拥有百万成员。但我们认为这个建立在虚荣指标之上的说法缺乏诚意。（有关虚荣指标的更多信息，请参见第 26 章。）

社区需要对你的组织、开发者关系项目和社区成员贡献价值——不仅是成员具有共同的兴趣。

社区是一种理念。我们还会看到，社区的架构和组织应以为你和社区成员创造价值为目标。

社区是一种理念

首先，也是最重要的，社区是一系列与开发者关系相关的理念。这种理念珍视当前、潜在和以往的用户，以及更广泛生态系统的价值。你的职责是为他们服务。

社区理念的核心——你是社区的服务者。

把这个理念应用到你的工作中，你的工作对象不仅是 CRM 系统中冷冰冰的数据，而是开发应用、面临实际问题的活生生的人。正如第二部分所介绍的，开发者关系最重要的差异化优势之一是技术平台的成功与使用平台的开发者成功高度一致。这种共生关系建立在深层次、持续的连接基础上。以便开发者得到启发、培训和滋养。这与典型的 B2B 或 B2C 关系完全不同。

社区成员不仅包括使用技术的开发者，也包括生态系统的其他成员。正如我们在第 1 章中所指出的，开发者关系项目的重点是调动、服务和培育社区。这是项目成功的基础。如果没有健康、可持续和活跃的社区，开发者关系项目几乎没有成功的机会。

在我们启动与社区成员的合作前，我们还需要以实操角度理解社区，并了解如何在开发者关系项目中管理社区。

社区是一种关系

你可以把自己产品的活跃使用者、邮件订阅成员以及 Twitter 关注者共同视为自己的社区,但重要的是他们这样认同。

在前面的例子中,你的开发者关系项目已经吸引了开发者,他们也了解你的服务,但这并不意味着你拥有开发者社区。社区的存在需要参与者的共识,开发者必须自我认同,承认自己是社区的成员。这种共识很大程度上取决于你们关系的紧密度和活跃度。我们将在下面详细展开介绍。

社区是开发者关系项目的一部分

2004 年,互联网传奇人物 Tim O'Reilly 创造了"**开放参与架构**",描述了便于接纳所有参与者贡献而设计的系统。10 年后,当时在 Mozilla 工作的 Doug Belshaw 再次强调了这个架构图的重要性,他说:"每当你需要没有义务帮你的人参与贡献时,就需要开放参与架构。"**本质上,这就是社区管理的作用。**

为了实现社区繁荣,作为管理者你需要创建良性互动、积极贡献的环境,并培养参与者间的关系。

然而,开发者社区并非开发者关系项目的全部。如图 25-1 所示,社区管理只是开发者关系项目的一项功能,具有其独有的资源、活动以及达到临界规模的目标。

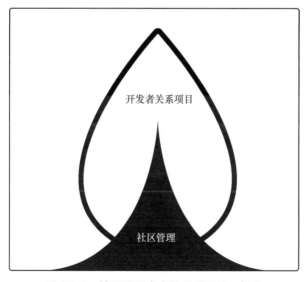

图 25-1 社区是开发者关系项目的一部分

我们发现，社区的形成和开发者关系项目的创建相对独立。一种常见情况是，产品发布后很受欢迎，因而自然形成了非正式社区。对这个非正式社区的认可，最终导致开发者关系项目的被动启动，进一步推动技术推广并管理业已存在的社区。另一种可能情况是，有人创建的开发者社区，并不对应任何开发者关系项目。

实际上，基于项目的成熟度、文化、预算等不同原因，并非所有开发者关系项目都有正式的社区计划。我们相信所有项目都至少应该认可非正式社区的存在，进行必要的管理，从而从中受益。社区贡献的类型有很多种，但是，无论它们是否属于私域触点，简单的社区管理都应该鼓励和认可这些贡献。

在我们看来，如果你重视开发者，把他们视为客户，那么**先要奠定开发者关系项目的基础**。否则，在你与开发者交互的过程中会出现摩擦。我们发现，当社区的文档、培训、支持无法满足开发者的需求时，他们就会对相关公司发表负面评论。我们也发现，当开发者因找不到需要的文档而感到沮丧，可能会自己动手编写文档。这似乎是让其他人完成工作的捷径，但实际上在这个过程中对公司形成的负面情绪将难以修复。正如本书所述，开发者关系项目应为构建社区提供基础，并描绘开发者所遵循的旅程。

社区的价值

正如第 1 章介绍的，聚焦开发者关系开拓市场是较新的业务模式，因此开发者关系项目的框架和概念都是新生事物。了解了这个背景，开发者关系项目和社区管理并存而割裂的现状就并不令人奇怪了。这通常是由于社区作为开发者关系项目的一部分，能带来的好处和影响未被认同。

规范社区运营并对社区做贡献，这些操作给开发者关系项目带来的价值包括：

- 吸引新用户；
- 保留现有用户；
- 增加与当前用户之间的互动；

- 加强产品支持；
- 获得新产品或功能创意；
- 提升品牌声誉。

从本质上讲，社区可以通过如下 3 种方式补充和扩大你的团队或公司的影响力。

- 社区可以扩展你的团队的能力。
- 社区为你的产品提供广泛的体验机会，并可以避免你有意或无意的内部偏见。这极为有助于你挖掘到自己团队可能永远也想不到的用户场景。
- 由于开发者信任他们的同行，因此社区可能成为很好的产品宣传渠道。

社区贡献有可能成倍地增强你的影响力。

尽管如此，并不是所有人都认识到社区可以为公司及其开发者关系项目带来的好处。我们注意到，不少公司战略往往更侧重于产品和工程，并且更重视尚未推出的下一代产品，而较少关注当前产品。因此，他们不会积极考虑在相关社区内对现有使用者的管理和激励。还有一些人对社区缺乏重视，因为他们不清楚开发者关系和社区是如何协同工作并被衡量评估的。

以下是一些可以考虑的社区衡量指标。

- 推荐计划——你的忠实粉丝是否推广社区和招募更多的人加入社区？
- 与一般用户相比，社区的活跃成员是否具有较低的流失率和较高的生命周期价值？
- 有多少社区成员在内部或公域触点（例如 Stack Overflow 和 Reddit）上支持其他社区成员？你是否认可并鼓励这种行为？
- 你在 GitHub 上的活跃项目数量是否在增长？
- 有多少功能需求/贡献来自你的社区？你是否认可和鼓励这种行为，并采纳他们的建议？
- 社区成员对你的品牌是否主要表达积极情绪，并加强与你的沟通？

社区运营的核心是社区成员及其贡献

管理社区的主要对象是社区的活动。那些有助于实现项目目标的活动通常称为贡献。图 25-2 显示了常见贡献的多种形式。

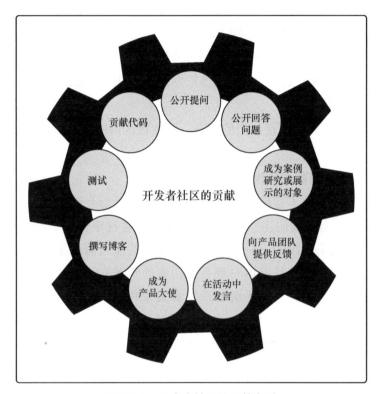

图 25-2　开发者社区的贡献类型

社区贡献的类型、质量和节奏有巨大差异。这是人的本性。1%定律认为 99%的社区成员都在潜水,而不是积极贡献者。

社区中最有价值的成员既是你的产品的用户,也是社区的贡献者。如果他们已经是产品用户,他们就会更深刻地懂得用户的需求。因此,他们的贡献将更有价值。

社区成员具有层次结构,如图 25-3 所示。社区管理的目标是推动社区成员从金字塔的下部向上流动,成为社区的积极贡献者。

请注意,社区层次结构经常被误认为是销售漏斗,但事实并非如此。社区成员在社区层次结构中所处的位置与其实际或潜在贡献的收入没关系。关于销售漏斗的概念，请参阅第 24 章。

社区层次结构侧重于社区成员的参与度。

销售漏斗专注于用户和客户。

接下来我们将讨论开发者社区层次结构的每一层和社区管理的作用。

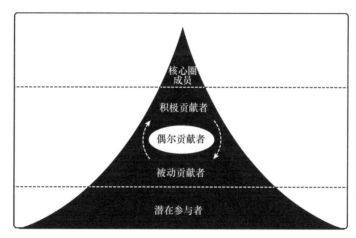

图 25-3　开发者关系的社区分级注重社区成员的参与和回报

潜在参与者

正如第 5 章所讲的，当今世界上有 2 100 万到 2 500 万名开发者。这些开发者加上产品经理、解决方案架构师等其他相关人员共同形成了社区的潜在参与者。

要吸引他们进入你的社区，先要帮助他们了解你。你的市场和销售活动将在社区建立知名度，并将他们带入开发者旅程的探索阶段（见第 16 章）。在销售漏斗术语中，他们将被定义为潜在客户。

要从社区的潜在参与者转变为参与者，个人首先需要理解并认同社区成员的好处，而不一定必须购买和采用相关技术。

被动贡献者

当开发者发现了你的社区，接下来就可能加入这个社区，从而与你建立联系。这可能是通过注册你的邮件订阅列表或在社交媒体上关注你等方式实现。但他们可能从不公开在社交媒体、论坛或其他社区渠道中主动发言。

尽管被动贡献者并不积极发言，但仍会通过潜水、学习他人分享的信息和提示进而了解你的产品，并进而成为活跃用户。

并非每个社区参与者都需要做出贡献，才能被视为社区的一部分。但是，你的工作是帮助他们认识到贡献无论大小都有价值，所有成员都会受到尊重。

就开发者旅程而言，被动贡献者处于评估和学习阶段。而就销售漏斗而言，被动贡献者将是潜在客户、线索或商机。

积极贡献者

积极贡献者经常以各种方式做出贡献（见图 25-2）。

他们会通过各种渠道，在人们寻求帮助时经常性地回答问题，并参加你的网络研讨会或其他活动。他们甚至会贡献想法、代码或自愿参加 beta 测试。如果他们是产品的活跃用户，并已经达到开发者旅程的规模化阶段，他们可能成为案例研究的主角。

在开发者旅程中，积极贡献者处于构建或规模化阶段。在销售漏斗中，他们往往在赢得商机并产生收入的阶段。

请记住，避免混淆活跃的产品用户与活跃的社区成员。非常活跃的产品用户可能从未在社区活动做过贡献，也可能永远不会做出贡献。没关系。他们不在社区做贡献的原因多种多样：可能没有时间，可能不感兴趣，也可能自以为缺少有价值的内容。你的工作是鼓励和提供做贡献的简单途径。

偶尔贡献者

偶尔贡献者介于被动和积极贡献者之间。在不同规模的社区中，这个群体可能比例较高，且行为模式难以捉摸。这些社区参与者根据自身当前的情况、兴趣或空闲度而在被动或积极贡献者之间转变。他们可能是产品用户，也可能不是。你可能收到过他们的消息，或者他们可能一度非常积极地贡献社区，然后突然销声匿迹。

了解这个群体，以更深入地掌握影响他们参与度的原因很有价值。他们对你的产品失去兴趣了吗？他们换工作了吗？他们因缺乏足够的文档而感到沮丧吗？他们觉得自己的贡献没有得到充分认可吗？他们期待更多鼓励吗？

你在社区管理中的职责是持续培养他们，并为他们提供做出社区贡献的捷径。

核心圈成员

核心圈成员是社区中最有价值的成员。

他们是活跃的产品用户，已经达到开发者旅程的规模化阶段。他们也是社区的活跃成员。

这些社区成员可能是开发者咨询小组的成员，可以定期与你会面，他们也可以随时联系你或你的产品团队以提供反馈信息。你可能在官方新闻中介绍他们，为他们提供行业大会的发言机会，甚至在大型媒体活动中对他们进行介绍。

并不是每个人都能在社区层次结构中做到这一点。社区核心圈成员的质量胜于数量，因为最具价值的少数贡献者会积极、持续地贡献巨大价值，同时他们也在参与中获得巨大收益。

如何开始运营一个社区

在成功的社区中，人与人的连接需要精心挑选和培养。 首先需要以意愿为基础，通常建立社区就是建立关系。

社区初创时的成员一般比想象得容易找。那些候选人通常有明显特点，例如他们会在你的论坛提问和答疑，或者在 Stack Overflow 和 Reddit 等渠道谈论你的产品。在对采用了你的技术的开发者数据做分析时，你会发现那些通过使用你的技术获得成功的开发者。由于这些人已经在支持你，因此，你其实已经拥有非正式的社区，只不过你没意识到罢了。他们甚至可能亲自与你联系，并曾提出问题或建议新功能。你可以主动地致电 beta 测试人员或举办见面问答会，以识别有兴趣参与和贡献的社区成员。

为了社区的成功，你应该创造开放和尊重的文化，社区成员可以自在地做贡献，而你能有风度地接受批评和反馈。正式的社区需要社区准则和行为规范，以规范社区成员做贡献的方式，并明确对他们行为的期望。

你的社区在哪里

你的开发者在哪儿？你的社区可能在私域触点，也可能在公域触点。你的社区成员可能在你的论坛、社区网站上花时间，也可能在第三方的公域触点上花较多时间，例如 Stack Overflow、Dev.to、Slack 或 Subreddit Group。他们可能是一个社区或论坛的成员，也可能同时参与多个社区或论坛。

当今，社区是一个热门话题。出于时间和兴趣的考虑，开发者能参与的社区数量往往已经饱和。然而供开发者选择和参加的社区数量非常巨大。

最好到社区成员常去的地方建立社区、提供服务，而避免强迫他们去你偏爱的地方。但是，当开发者不断增加对你的产品特定的支持和反馈需求，请着手根据开发者的需求托管或扩大社区。

游戏化

游戏化通常是运营社区首先想到的办法。游戏化可以鼓励社区成员做出贡献，通过徽章或头衔获得同行认可，并获得有形的奖励，如 T 恤、礼品卡、晚餐券等。偶尔贡献者通常最热衷于游戏化，且社区行为受游戏化影响最大。

我们认为大多数社区不需要游戏化。社区是否需要游戏化，很大程度上取决于社区的类型、规模以及你的意图。

用于激励和匹配开发者画像的期望时，游戏化会非常有效。但是，游戏化也有可能适得其反。因为游戏化运营会占用项目组在技术文档和开发者体验等核心工作上的投入，或者导致社区成员只在收到激励后才参与项目。游戏化的最大风险是开发者关系项目和产品本身被忽略了。

社区认可和经验

比游戏化更有效的办法是在建立社区过程中奖励社区参与者。不时地认可和奖励社区贡献，会激励做贡献的社区成员，同时也表明你对社区的赞赏和投入。

认可的方式有很多种，可以发送一个引发社交媒体关注的大礼包，也可以在 Stack Overflow 上解答他们的问题，还可以为他们包场电影首映、举办社区聚会、在你的营销宣传中展示他们的工作、为他们做介绍，或邀请他们在你赞助的演讲的舞台上参与演讲。不乏创意！

更正式的方式包括在你的开发者支持论坛启动 MVP 计划，以表彰个人的技能和社区贡献。或者，你可以考虑邀请他们加入新版试用小组，以便尽早了解你的产品规划，并直接向你的产品和工程团队提供反馈。

开发者认可需要用心经营和超越期待才会得到回报，并产生影响。有时一声简单的"谢谢"就足以激励人心。

以上内容简单介绍了什么是开发者社区以及如何建立开发者社区。一个成熟、活跃的社区项目是一项巨大的工程，需要投入专门的资源进行创建、培养和发展。关于社区运营的信息有许多资源，比如 CMX 是一个社区运营专业人士的中心。一些不断发展的工具可以跟踪开发者社区活动，如 Orbit。

开源社区

本章以及本书的大部分内容都侧重于营利性组织的开发者社区。如果不在这里简单提及开源社区，我们就算失职了。

开源社区主要有如下两个特点。

- 开源社区隐含着对产品的信任，因为大家可以看到源代码，并理解它是如何工作的。
- 对开源项目的贡献使得项目本身和贡献者都获得了明确增值。例如，在工作面试中开发者常被问及他们的开源贡献，拥有社区贡献的佐证无疑是一项优势。显然，开源项目及其贡献者双方实现了双赢。

在为开源组织的开发者关系项目工作时，重点是为社区的聪明人规划并指明方向。成功标志是社区的技术领导力，而不是销售业绩。理论上有效的开源项目需要兼顾发现和解决问题。关键是避免妨碍社区贡献。

小结

开发者关系项目与开发者社区不同。但是，所有开发者关系项目都可以从社区计划中受益。这里的社区可能是正式的，也可能是非正式的。

社区成员可以在开发者关系项目中做出重要贡献。从提升项目知名度到支持技术创新，每位社区成员都能发挥特长。

社区运营的专业知识难以用一章涵盖。如果你理解了开发者社区的理念，及其作为开发者关系项目成功基石的重要作用，就达到了本章的目的。

第五部分 管理并优化开发者关系项目——衡量指标、团队建设和实施

现在，你已经是开发者关系领域的专家了。你拥有一份雄心勃勃的开发者关系项目，而你的目标开发者也将开启一段舒适的开发者旅程。

本书的最后一部分是关于如何实施并优化你的开发者关系项目。首先，我们将制定合适的衡量指标，这对评价开发者关系业绩，界定开发者关系职责而言是至关重要的；其次，我们将讨论如何建立开发者关系团队；最后，探讨开发者关系项目的各个发展阶段。

我们开始吧！

第 26 章　衡量指标——衡量并监测开发者关系的目标与活动

管理开发者关系项目的一个关键问题是如何衡量其业绩。正如我们所看到的，对许多开发者关系项目来说，开发者关系衡量指标可能是一个模糊的领域。事实上，各种有关开发者关系的会议都会讨论与衡量指标相关的话题，更不缺与此相关的数据和建议。

当开发者关系项目缺少正确的衡量指标，又或是没能有效地运用它们时，项目常常会出现问题。

借用合适的衡量指标来阐明开发者关系工作的重要性是至关重要的。与其由他人去定义你的工作，还不如自己界定。

奔向衡量指标，勇担职责。

衡量指标的分层及明确

创建有效率的开发者关系项目衡量指标需要对齐和明确。一旦做到了这点，衡量指标就可以帮助我们：

- 清楚地了解并沟通优先级，激励团队；
- 衡量目标并跟进项目进展；
- 判断目标是否可行；
- 改进战略及战术；
- 向团队及公司展示"开发者关系"工作如何为业务整体做出贡献；
- 争取资源，获得更多的支持。

那么，问题来了，我们该如何界定合适的开发者关系衡量指标？

首先，要对齐

我们曾在第 10 章和第 11 章中阐明公司和部门间需要具备一致性。因此，在开发者关系项目衡量指标之上的是公司层面的目标和衡量指标（见图 26-1），强调的是对公司整体的重要性。

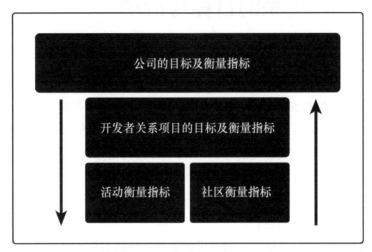

图 26-1　衡量指标层级（帮助开发者关系项目的目标和衡量指标与公司对齐）

因此，**开发者关系项目的目标**及相应的衡量指标应与公司整体目标对齐，并与开发者关系业务相关的利益相关者保持一致。只有在此基础之上，你才能进一步明确开发者关系项目的目标和衡量指标。

开发者关系项目的主要目标回答了"为什么"，即开发者关系存在的原因，了解这个问题的答案能够帮助团队聚焦，推动每个人朝同一方向前进。如果有团队成员不确定他们应该做什么，不妨告诉他们公司和开发者关系项目的目标。

开发者关系项目目标下的**活动衡量指标**回答了"怎么干"。这些活动衡量指标概述了实现项目目标和衡量指标的方式。如果你搞不清楚一项活动与项目目标之间的关系，你也许该停下来重新审视这项活动。在衡量你的团队表现时，你也许可以更进一步，要求所有的团队成员在汇报周期（季度、年度等）开始时规划一系列开发者关系活动，同时确保这些活动与目标高度一致，在推动这些活动的过程中达成项目目标。

社区衡量指标可以衡量开发者社区的健康状况——例如你的开发者关系项目如何与社区形成互动、如何支持社区发展等，反之亦然。如果你还不清楚开发者社区的重要性，不妨参考第 25 章。

其次，要明确

衡量指标主要用于衡量实现目标的进展。为了确保目标清晰，每一个开发者关系衡量指标都应该包括以下几个部分：

- 最终目的（你想实现什么）；
- 目标（以数字形式呈现）；
- 时间（何时实现）；
- 数据来源。

让团队的所有人一同明确目标是至关重要的，这意味着你要和每位团队成员沟通这些目标。很多开发者关系团队的领导知道项目的目标和衡量指标，但出于各种原因，没有选择与团队分享。切记，别成为这种人！

表 26-1 描述了一个明确且与公司目标对齐的项目衡量指标体系。

表 26-1　开发者关系项目衡量指标体系示例

公司目标或主要计划目标	成为市场领先的支付 API
项目衡量指标	每日 3 亿次 API 调用（产品使用衡量指标）
项目目标	提高开发者参与度及留存度
完成时间	第四季度末
数据来源	产品报表（产品分析软件）

开发者关系项目衡量指标——做什么

开发者关系项目的衡量指标回答的是"**做什么**"，即要怎么做才能达到目标并展示活动成果。在工作中附加衡量指标，可以帮助你明确职责，并给团队一个非常明确的目标来推动。

在项目层面，你要识别和跟踪以下 4 个与开发者关系目标高度一致的衡量指标：

- 感知度；
- 活跃度；

- 参与度；
- 留存度。

在项目层面，你需要尽可能让事情变得简单，避免因确定过多的方向而导致缺乏重点。你需要和所有利益相关者进行沟通，明确工作安排，同时选定一个衡量指标作为你的主要衡量指标（或顶线衡量指标）。你可能还想汇报项目的战略安排，以便团队和利益相关者清楚地了解你在相关时间段内的优先事项。

任何一个开发者关系项目的目标都需要这样一个衡量指标，以追踪潜在开发者在各个旅程阶段的进展和转化。图 26-2 列举了大多数开发者关系项目所使用的衡量指标，并展示了它们与开发者旅程、开发者关系目标和销售漏斗的关系。

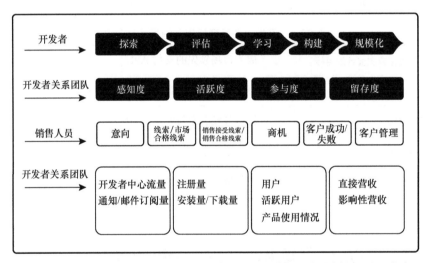

图 26-2 与开发者旅程、开发者关系项目目标、销售团队对齐一致的开发者关系衡量指标示例

在制定衡量指标的过程中，你需要抵制诱惑，不要想通过独特的衡量指标来衡量开发者关系项目。毕竟**定义衡量指标不是在测试你的创造力**。如果你的利益相关者不理解你的衡量指标，或者不能将其与他们所负责的部门或投资衡量指标进行比较，就可能会招致不必要的质疑。

图 26-2 显示的衡量指标大多衡量的是你从开发者那里寻求的行动号召，例如他们是否查看过你的开发者中心，是否下载或试用技术产品，是否已经

成为你的客户,甚至积极使用你的产品。

产品层级的衡量指标是基于你所拥有的并且来源可靠的定量漏斗衡量指标(稍后会在数据来源中详细介绍)。

开发者关系项目的主要衡量指标取决于众多因素,包括公司的类型和期望、开发者关系在组织架构中的位置,以及技术产品或公司在其生命周期中的所处阶段。打个比方,如果你新推出了一个技术产品或者你所在的公司是一家不知名的创业公司,那么感知度衡量指标可能是当前最重要的衡量指标。如果你的开发者关系项目已经运作了一段时间,但增长停滞,那么你的主要衡量指标可能是转化率,即将免费用户从简单的产品使用转化到更高的层次。

你还可以根据实际情况或开发者旅程中的节点来进一步定义衡量指标。例如,用户活跃度衡量指标可以基于时间来界定,如每月活跃用户(Monthly Active User,MAU);也可以是基于用户的使用情况,如进入生产环境中的应用数量。产品的使用情况,特别是类似于 API 这样的技术产品,通常是以开发者的请求数来衡量的,但你也可以使用每月达到预定交易次数或预定消费阈值的账户数百分比来衡量。

活动衡量指标——怎么做

如前所述,你的**活动衡量指标**需要回答"怎么做",即开发者关系战略的各种战术。它们能让你跟踪每日的事务及其表现。这些衡量指标的结果可以为项目层级的衡量指标提供更多的洞察。你也可以按照开发者关系的框架或分类来跟踪这些衡量指标,以更好地管理团队投入时间的方式和重点。

表 26-2 展示了开发者关系项目下主要的活动衡量指标。

表 26-2 基于开发者关系项目目标的开发者关系项目活动衡量指标示例

活动衡量指标	开发者关系目标	开发者关系实施领域
搜索引擎排名	感知度	开发者营销
社交媒体跟踪数	感知度	开发者营销
付费广告表现(例如印象、点击、注册)	感知度	开发者营销

续表

活动衡量指标	开发者关系目标	开发者关系实施领域
电子通知邮件打开数量及链接点击数量	感知度 评估阶段	开发者营销 开发者培训
博客文章数量及链接点击数量	感知度	开发者营销 开发者培训
开发者活动参与数及触达数	感知度	开发者营销
快速启动指导文档数量及其表现	评估阶段	开发者培训
开发者案例数量及其表现	感知度 评估阶段	开发者培训
演示视频数量及观看数	评估度 构建阶段	开发者培训
完成"Hello, World!"所花费的时间	评估阶段	开发者体验及产品
示例代码数量	构建阶段	开发者体验
案例研究数量	留存度	开发者成功
产品改进建议获取	留存度	拓展

如果你想为开发者关系项目的活动找灵感，不妨回看开发者旅程的部分。但是，请确保活动一定要有重点，更多的活动并不总是代表更好的结果。

请注意，其中一些活动可能由开发者关系直接汇报线外的人员执行。因此，你必须在各个团队之间就如何衡量和汇报开发者关系活动达成一致。

社区衡量指标

社区衡量指标体现了开发者社区的规模及深度，并对开发者关系项目的开展产生影响。

社区衡量指标可以通过**定量数据体现**，例如：

- Stack Overflow 上针对我方技术产品的问题数量/被提及次数；
- Stack Overflow 上已回答/未回答问题的百分比；
- GitHub 上项目的启动数量；
- 公司负责的 GitHub 项目下项目数量或使用技术产品数据库的项目数量；
- 公司论坛中社区针对技术产品所回答的问题数量；
- Stack Overflow 或 GitHub 活动的数量与竞争对手的统计数据；
- 社区成员撰写的与技术产品相关的内容数量。

社区衡量指标也可通过**定性数据**来衡量，例如通过正式/非正式的调研向你的开发者直接提问，主要包括：

- 产品反馈；
- 对公司、开发者关系项目和产品的喜好程度，包括净推荐值评分；
- 技术产品使用情况。

你还可以通过分析数据来了解**开发者社区的价值**，如：

- 社区成员与非社区成员的转化率；
- 社区活跃成员与活跃用户的价值；
- 社区活跃成员的推荐该社区的情况。

评估你的衡量指标

如果你的衡量指标定义正确，也用对了，那么它们将有助于你看到开发者关系如何为公司整体业务做出贡献，如何推动项目取得成功。

请记住，没有一套衡量指标能够完全适用于任何一个开发者关系项目及其所在公司。评估你的开发者关系衡量指标体系类似于一场跨职能的对话，你需要在这个对话过程中不断调整，就最适合你的情况达成一致。

当你制定衡量指标时，请确保每个衡量指标都通过以下两项测试。

- **每个衡量指标都要进一步回答："那又怎样？"**——这个衡量指标背后的数字告诉我们什么？它意味着什么？它有意义吗？例如，你的开发者关系项目在微博上有多少粉丝真的很重要吗？你能否证明你在社交媒体上的表现？它与你的产品采用率或收入增长之间是否存在关联？这并不是否定你在社交媒体投入的努力，只是谨慎思考，判断它该不该出现在你的主要衡量指标体系中，是否还需要纳入其他更重要的衡量指标。

- **每个衡量指标都要进一步回答："需要我做些什么？"**——这将确定衡量指标是否可行。你能否采取明确的行动来影响衡量指标？你能调整什么，能做出什么改变？你可以进行什么实验？你需要更多资源吗？

在此，我们感谢 Eric Ries 在定义"可操作"和"虚荣"衡量指标方面所做的工作。如果你还不熟悉这些概念，我们建议你阅读 Ries 发表的与该主题相关的博客文章。

如果该衡量指标对开发者关系项目的成功没有"实质性"影响，同时你也无法准确回答前两个问题，那么该衡量指标可能并不适用于你的实际情况。

如果你无法清楚地看到与该衡量指标相关的措施，那么该衡量指标缺少可操作性。

测试你的衡量指标及转化衡量指标

因为你可能无法在第一时间就找到最好的衡量标准，所以要想办法对它们进行测试。创建基于时间的衡量指标，并通过开发者旅程各个阶段监测其进展，能够使你跟踪开发者活动的结果，并分析开发者体验的变化对开发者转换率的影响。拆分对比测试（也被称为"A/B 测试"）极为有效，它允许你进行小规模的实验以找到最佳结果。

除此之外，考察开发者关系项目各类目标之间的转化衡量指标尤为必要，通常它们会给你带来很大启发。除项目主要衡量指标以外，转化衡量指标最为重要。

请看图 26-3 中的数字，它提供了一个跟踪转化衡量指标的具体实例。可以看到在最初的 1 000 个潜在客户中，只有 2%（21 个）最终成为客户。图 26-4 则进一步显示了在每个开发者关系目标中可能出现的问题，以及需要监测和调整的衡量指标。

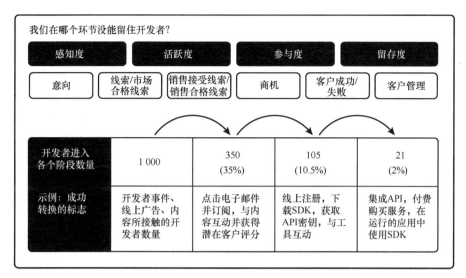

图 26-3 开发者关系目标之间的转化

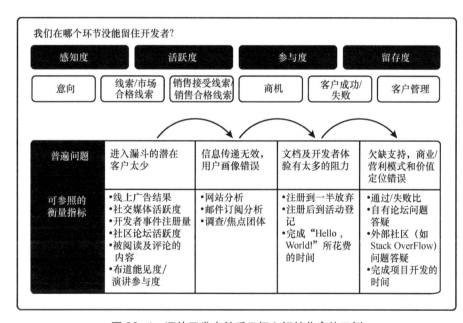

图 26-4 评估开发者关系目标之间转化率的示例

数据来源及挑战

确定数据来源是制定衡量指标的重点工作。遗憾的是,你可能只能收集到部分所需的数据，或者根本就收集不到，这通常令人沮丧。下面我们列出一些常见的数据来源。你需要通过一些全新的方式来追踪所需的数据。

当收集销售漏斗衡量指标时，最好的数据来源是公司的客户关系管理系统，如 HubSpot、Salesforce、Marketo 等。如果你的公司有这些工具，要尽量用好它们。访问这些数据既能帮助你确定一些活动的衡量指标，又能将与开发者关系相关的线索输入其中。如果你对这些进入客户关系管理系统的数据贴上开发者关系的标签，并标注其来源（活动、PPC 等），你将能够在销售漏斗中对它们进行跟踪，了解哪些活动贡献了最有价值的客户。

高通开发者网络（Qualcomm Developer Network，QDN）是历史悠久的开发者关系项目之一，最早可以追溯到 2001 年的 BREW 应用开发平台。高通开发者网络当前版本功能众多，支持近 60 种开发者产品，包括 SDK、分析器和调试器等工具，适用于物联网、机器人、扩展现实应用、硬件开发板。这些年来，他们积累了大量经验。

要在一个大型的开发者+企业内尝试明确开发者关系和开发者的重要性是一个巨大的挑战。事实上，数据对于阐明开发者关系的价值具有重要意义。为了做到这一点，我们可以利用企业客户关系管理系统和营销自动化工具来跟踪数字销售旅程以及开发者的参与情况。

你不用通过推销的思维来进行销售。我们为开发者制作技术指南，提供各类他们感兴趣的业务场景，帮助他们评估我们的技术产品，从而让他们相信这些产品符合他们的需求。无论开发者所在公司规模如何，他们都更偏爱自助服务，这一点在今天尤为重要。我们非常清楚开发者的需求以及尊重和服务社区的重要性。

—— Ana Schafer Muroff
高通公司高级营销总监

为了收集与产品相关的衡量指标数据，你需要与产品团队深度沟通，并使用产品分析软件（Product Analytics Software，PAS），例如 Mixpanel、API Metrics、Keen.IO、PostHog 等工具服务。如果可以，请在客户关系管理系统和 PAS 两个系统间之间建立链接，以便正确查看开发者在旅程中的路径。如果没有，你就只能跟踪趋势。例如，如果你刚刚开展了营销活动，同时产品注册量显著增加，其实可以推断出其中的成功要点。切记，你要与负责 PAS 工具的团队成员培养良好的关系！

这些工具的可用性至关重要。我们看到一些开发者关系团队需要申请 SQL 访问权限来获取数据，这为开发者关系业务的发展带来了很大的阻力，极大限制了组织中访问数据的人数和开展相应工作汇报的频率。

诸如 Google Analytics 和 Optimizely 这类 Web 分析工具能够帮助你了解开发者对技术产品的认知度，以及整个"开发者旅程"各个环节开发者的转化率，例如收集与技术产品相关的博客文章等内容的开发者反馈。

你也可以购买外部分析公司的相关报告来进行竞争分析，清楚地了解自身与竞争对手之间的差异。

如果你需要收集开发者的反馈意见和喜好度，可以使用像 SurveyMonkey 或 Typeform 这样的工具，同时使用净推荐值来定期获得开发者喜好和满意度的数值快照。

通过社区调研来确定技术或产品的使用情况也是可行的。这个调研结果可能会让你感到惊讶，但你可能更加吃惊于自己对开发者如何使用技术产品知之甚少。你也许可以测量 SDK 下载数量等衡量指标，但却没有更多的数据支持，要么是因为没有意识去进一步收集，要么是没有权限进行搜集。因此，开发者调研，虽然不是以定量的方式收集实时数据，但也可以为项目提供重要的洞察，包括开发者的类型、其所属公司，以及他们如何以及为何使用你的产品。

开发者活动数量众多，你很难找到一个能够跟踪并监控所有活动的工具。我们看到许多开发者关系项目使用 Excel 表格，或像是 Notion、Airtable 等项目管理工具来记录开发者活动信息。但请注意——这些都要手动维护，而不是自动化的。因此，你需要选定一种工具，使团队在输入任务信息、跟踪数据和快速获得衡量指标结果时更加方便和容易。

汇报你的衡量指标

一件经常被大家忽视的事情是：如何在组织中用最好的方式来呈现衡量

指标和数据。你可以打造一套世上最好的衡量指标体系，但你该怎么分享这些信息呢？

首先，要搞清楚你的汇报对象是谁。对经理及以上级别的人来说，他们首先想看的是你的顶线衡量指标（项目层级的衡量指标），这或许就是他们想看的或有时间能看的全部内容。接下来，你需要汇报活动衡量指标和社区衡量指标，以作为顶线衡量指标的支撑数据。你不需要汇报你目前追踪的所有衡量指标，而是要择优，让这些衡量指标能够最清楚地体现顶线衡量指标背后的洞察。

你的最终目标是做出一款基于 Web 的工具，其中包含一套预定义的报告模板，并能从简洁的界面上快速筛选查询的时间段和衡量指标等相关条件（例如从离别和勾选框中挑选）来输出报告内容，类似于 Google Analytics 的使用体验。这款工具应该提供给组织内部的每个人使用，无论何时都能为你的开发者关系项目的绩效表现提供最好的透明度，这意味着你不会成为任何查询的瓶颈。确保这些报告能导出为各种格式，让其他部门也便于纳入报告中。

如果你使用更传统的方法，例如 Excel 表格、PPT 或书面报告，请投入时间好好设计，以便清晰地呈现信息。要把你的报告当作一个产品好好打磨，而不是一个苦差事。你的报告代表了你在组织内的实际情况。这是展示团队工作的影响力和重要性的头号工具。

你还需要了解组织中的其他团队是如何展示和汇报工作的，并尽可能保持一致。正如我们之前提到的，你无须重新发明一套体系，遵循统一的汇报方式可极大程度上减少与相关部门协作的阻力。

最后，不要以为大家都会真的阅读你的工作报告，无论是制作报告的链接，还是通过电子邮件所发出的详尽的月度报告。毕竟每个人都有自己的优先级。你只需要确保你能在最高级别的会议中定期就开发者关系工作进行汇报，以展示当前、月度或季度的突出业绩。这将确保公司内部的主要受众听到开发者关系部门的声音，并提供他们进行提问、提出建议和寻求支持的机会。

我们推荐你阅读 Phil Leggetter 的 AAARRRP 框架，该框架旨在帮助你与利益相关者进行对话，就高层次的方向性目标达成一致。它还能帮助开发者关系的专业人员将目标与活动联系起来，确定哪些开发者活动真正有助于实现这些目标。

衡量指标问责

对工作负责不该是一件令人担心或是避之唯恐不及的事情。对于你开展了什么工作以及它为何对公司如此重要，保持透明和坦诚是商业的基本原则。那些能明确定义"为什么"，并能公开且慷慨地分配绩效数据的领导者，在任何行业都是成功的。

值得注意的 3 个危险的信号如下。

- 重复强调"开发者关系很难衡量"的固定思维。
- 开发者关系从业人员表现出设定工作目标在某种程度上会扼杀其创意或削弱其工作的影响力。
- 开发者关系从业人员相信他们需要不断发明新的衡量指标和新术语。

很多时候，你需要设身处地为公司首席执行官、部门经理、投资者或同事着想。同理心是开发者关系从业人员的重要特征，它不仅仅针对你所服务的社区开发者，同样适用于公司内部需要合作的部门和伙伴。

既然你需要他们为开发者关系团队提供人力和预算支持，那么为了确保获得和维持这些支持，你需要证明为什么投资到你的项目会比其他项目更加值得。毕竟，好的想法数不胜数，但资源却总是有限的。

你需要证明为什么投资你的项目对他们有好处，他们的投资回报如何，同时将你的项目与竞争对手（包括内部和外部）进行比较。在这个过程中，你无法通过构建一套新的衡量指标或使用利益相关者不理解的语言获得成功。

最后，不要忘记公司其他团队的同事们如何看待开发者关系。我们曾经看到，开发者在社交媒体上大肆宣传他们参加的最新的聚会，或获得了免费的机票升级服务等，这一切让其他部门认为开发者关系的业绩都是一些虚荣衡量指标，由此在公司内部产生各种文化冲突。这类冲突在研发部门为发布产品通宵达旦或销售人员因没完成衡量指标而被解雇时体现得更加明显。人要有自知之明！

小结

作为开发者关系项目的经理，你需要对自己的工作负责，并向团队的其他成员和利益相关者展示项目带来的正面影响。在这个过程中，选择合适的衡量指标至关重要。

你需要设置"主要衡量指标"和"项目衡量指标"来明确开发者关系项目实施的原因和规划，同时设置合适的"活动衡量指标"和"社区衡量指标"来支持它们。指标的衡量无法一蹴而就。你需要定期对它们进行测试，以洞察如何更好地调整。

不要把制定标准误认为是对创意的测试。

它其实是对你工作影响力和重要性的测试。

正确的衡量指标可以让你在管理团队时做出更好的决定（详见第 27 章），也能清楚说明开发者关系项目的成熟度（详见第 28 章）。

第 27 章　团队建设——把对的人带上车

你可能会自嘲："搞个团队？不可能吧！"又或是你终于有预算能招兵买马了，但却不确定团队需要填补什么样的角色。

这个问题并不少见。许多公司的开发者关系项目往往起源于一个人或一小群人，他们希望在公司内部引领变革。但开发者关系最初在公司里往往是一个未知数，难以获得投资。因此，通常是先由一个"幸运"的人被任命来领导并开展开发者关系项目，他不得不像个万事通一样做所有的事情。

在本章中，我们将描绘各类团队角色，并阐述一个"良好开发者关系团队"的模样。这将有助于你确定业务所处阶段及开发者关系在企业架构中的位置，帮助你建立团队，弥补团队所缺少的技能，从而更好地开展招聘工作。

通才助力你快速启动项目

在开展开发者关系项目的早期阶段，你需要和通才一起工作。他们有能力参与各种活动，同时具备"啥我都能做"的积极态度，善于在组织中号召，撬动资源来为开发者关系团队提供支持。

《2020 年开发者关系报告》向我们展示了一个"全能型"的开发者关系从业人员的典型日常任务，如图 27-1 所示。

正是这种任务的多样性使得开发者关系成为一个极具吸引力的、令人兴奋的职业选择。我们很难想象还有哪个职业能让你有如此大的活动范围和影响力。你可以穿梭在整个组织内部的各个部门之间，参与将产品推向市场工作的方方面面，并有机会在现场与客户（开发者）接触和互动。

随着越来越多的开发者使用你的产品，你的开发者社区规模也在不断增长。业务的不断成长意味着你必须开始计划扩大开发者关系团队，并在团队内部创建专家角色和专业小组。

总览	
内容开发	61%
战略及计划制定	46%
开发者事件	39%
布道工作	29%
外联拓展	25%
研究/保持技术更新水平	18%
市场营销	17%
社交媒体/搜索引擎优化	17%
产品开发	16%
支持答疑	14%
寻求投资/申请预算	6%
其他	6%
门户网站管理	4%

图 27-1 "全能型"开发者关系从业人员的典型日常任务

专家助力你规模化拓展项目

当一切都被拉高到极致时,我们来看看开发者关系部门在扩大其业务时通常雇用的一些专家角色。

开发者布道师

在大多数公司,布道师的角色在技术社区中常代表着一线人员,也就是公司和技术产品的"代言人"。布道师是以"一对多"的方式与目标受众接触,他们参加各种线上或线下活动,与开发者建立联系并发表演讲;他们通过各种线上社区了解开发者并与其互动;他们提供产品演示,帮助开发者亲身体验技术;他们帮助开发者解决黑客松中碰到的技术问题,并将开发者的反馈带回公司。

根据开发者关系的规模,布道师的职能数量会有所不同。例如,撰写技术文章、资料文档和快速入门指南，甚至撰写代码，提供和维护 SDK 等。在一些更加重视技术的公司中，你还可能看到"开发者体验工程师"或"开发者关系工程师"等岗位。

通常，开发者布道师通过开源技术、编写书籍或组织聚会等方式被社区的其他开发者所认识。他们也可能拜访客户，帮助他们尝试使用技术产品，这取决于销售团队的技术能力。

通常，布道师是公司启动正式开发者关系项目时所雇用的第一位员工。从图 27-1 中不难看出，他们常被视为技术和营销方面的"瑞士军刀"，并被寄予不切实际的期望。然而，没有人可以同时成为所有这些领域的专家。

还有一类误区是认为开发者关系始于和终于开发者布道。这或许并不奇怪，因为布道师是开发者关系团队中直接面向公众的角色。然而，由于在大多数开发者关系项目中，都会有一个团队在背后提供技术支持，帮助团队成员在现场推广技术产品，因此布道师永远不是孤军奋战。

毫无疑问，这是一个需要承担压力的角色，其中最大的挑战是要决定如何管理所有事务的优先级。如果你的公司和产品被开发者认为很酷且具有价值，那么作为公司对外的"代言人"，开发者布道师常有很大的回报。然而，如果碰到问题，事情进展不顺利时，你也会成为替罪羊。此外，开发者布道师还需要承担在台上公开演讲甚至是现场编程所带来的压力，以及不得不奔走于世界各地参加活动。雪上加霜的是，许多开发者关系的从业人员处于职业生涯的早期（27%的人有不到两年的经验，47%的人有不到 5 年的经验）；此外，由于没有针对开发者关系的正式培训，82%的人是在工作中学习如何胜任他们的角色。

因此，公司应该认清现实，了解一个人所能够发挥的最大价值是有限的。毕竟，职业倦怠也是一个真实且严重的问题。为了避免这种情况发生，你需要扩大布道师的数量，并设立额外的专家角色以减轻其负担。

我们编写这本书时正值新冠疫情暴发，全球大量的开发者活动因此中断。这也迫使开发者关系的专家们重新思考如何参与和运营开发者社区。只有时间才能告诉我们这个行业能否完全恢复到以前的状态，抑或线下与线上开发活动的比例已经从根本上发生了变化。

没有什么能取代面对面沟通所带来的互动效果。这是最有可能让一群同道中人在同一时间、同一地点进行互动的方式。不过，如果能减少长期的差旅次数，不仅会缓解个人的压力和疲劳，也能降低公司支出，低碳环保。

> **演讲是一门手艺，也是一项艰苦的工作**
>
> 演讲就像其他任何手艺或事物一样，需要不断练习。有些人可能有这方面的天赋，但持续练习更为重要。这和培养专业运动员或音乐家是一个道理。你可以很擅长，但仍然会很辛苦，甚至尴尬，尤其是在刚刚开始的时候。但我向你保证，时间久了，它将变得更加舒适。你需要不断尝试不同的演讲风格，并获取听众的反馈。有一次我和一位初级布道师一起做节目，我们都做了演讲。讲完去吃晚饭时，她说："我觉得我不适合布道，我不可能像你那样讲话。"在我的脑子里，我很震惊，她的演讲能力已经比我认识的大多数布道师要强。我试着向她解释："我做了10年的教授和专业布道师。你已经是一个很棒的演讲者——时间越久，你就会感觉越自然。"但她还是离开了这一岗位，尽管对我们的职业来说很不幸，但对她来说很幸运。目前，她是一家大型科技公司的功能性编程（Lambda）首席工程师。
>
> 除此之外，还有一件事让我开始对演讲真正着迷。那就是我开始有意识地注意讲话的方式。在这个过程中，我变得更加外向，并清楚地意识到我所说的每一句话的含义和语气。演讲结束后的 30min，我就会筋疲力尽，渴望在第二天独自一人待着。事实上，我很喜欢和认识的人进行小组讨论，并从中得到启发，但独自一人做演讲，并在展台上工作、参加会议等社交活动对我来说是很累的。因此，你不一定要成为一个外向的演讲者，你只须在需要你演讲的时候表现出来。
>
> ——Steven Pousty
> Tanzu 开发体验工程师
> Crunch Data、Digital Globe、Red Hat、LinkedIn、deCarta、
> ESRI 的前开发者关系负责人

技术支持团队及开发者成功团队

当你的团队成长到一定规模，并吸引了不少开发者来使用你的产品服务，这时就需要专人投入社区提供技术支持并对接开发者需求。技术支持团

队和开发者成功团队主要是开展内外部论坛的答疑工作，同时也可与客户进行一对一的交流。他们直接与产品团队对接以确定工单的优先级，并将开发者的需求反馈给公司。

事件营销团队

在开展开发者关系项目的早期，团队的通才会到各个社区的开发者活动及黑客松中进行发言，并与开发者建立联系，传播产品信息。

然而，发展到某个时间点，你就不会满足于这种基层的小活动，而会考虑如何走向大型的会议和商业展览会。同时，你也可能会组织自有的聚会或会议。

这些事件活动可能针对特定的编程语言和技术，也可能是目标开发者参加的行业活动。每一类活动所需的工作量和技能要求早已超出了一个通才成员所能兼顾的范围，需要有人专职投入对应的营销工作。

事件营销专家需要精通如下若干个关键领域。

- 目标开发者会参加哪些活动？
- 这些活动和组织者的名声如何？
- 如何争取赞助或进行谈判？
- 正确地呈现品牌价值。
- 处理展览会相关的产品规划和物流。
- 处理工作人员的轮换，确保合适的人员投入。
- 制定提升开发者互动程度、挖掘线索的营销战略。
- 输出营销事件的投资回报分析报告。

这就是为何对开发者关系来说事件营销经理是个关键角色。有时候这样的角色是设置在企业营销部门之下，简要汇报给开发者关系项目的管理者。

开发者培训团队

我们在开发者关系框架（见图 1-1）及开发者旅程（见图 15-2）中曾强调，开发者培训是开发者关系的重要部分。越来越多的观点认为，开发者培训团队或许比开发者布道师更能担当开发者关系的功能，这可能是受新冠疫情影响所致。Phil Leggetter 的研究显示：开发者培训是仅次于"开发者布道师"的最受欢迎的职位。我们也看到像 New Relic 这样的公司，仅仅通过 Twitch 就建立了一个专职负责专业内容创作和交付的团队。

随着社区的茁壮成长，你需要提供简明扼要、结构井然且正确无误的技术资料以鼓励开发者试用并采用你的产品。此外，你还需要提供诸如用户场景、案例研究或其他能拓展开发思路的内容，以激励开发者相信并使用你的技术产品。你的团队需要技术撰写人来产出和编辑这些技术内容，你可以从内部找人编写，也可以委托给外部机构。

开发者关系的培训资料不仅仅是这些技术文章。开发者培训团队还需要产出示例代码、演示案例甚至是制作游戏来展示技术产品及相关概念。因此，团队需要前端开发者的加入；有时还需要在产品和线上开发者中心上优化用户体验。

这个团队还需要参与制作视频内容。视频形式在过去几年中变得更加流行，因此拥有一个 YouTube 视频号很重要（有的社区偏好 Twitch）。视频内容可以是几分钟的技术要点指导，也可以是时间较长的培训研讨会。

当发展到一定的成熟度，公司可能会提供正式的培训课程和课程认证。此时，开发者培训团队就需要雇佣懂得正式培训和教学法的人。游戏化培训专家有时可以为开发者培训活动增加创造力，例如 TwilioQuest 以 8 位像素街机风格的游戏提供技术培训。

开发者营销团队

和其他业务一样，你的开发者关系项目需要被看到。你需要通过搜索引擎优化、点击付费广告及线上广告等领域的数字营销专家为开发者活动建立认知和流量。此外，你还需要一个 Web 团队。通常，依据组织的规模，这个团队可以被直接安排在开发者关系团队或营销团队中、也可以外包给外部机构。如果是在开发者关系团队之外，你必须要告诉和指导他们该如何创建和呈现信息以吸引开发者受众。

这个团队也可以直接制作投放到开发者社区的内容，例如第 22 章提到的开发者邮件订阅和培训活动。

一些开发者关系团队会投入数据分析和研究工作中，以便追赶潮流，了解竞争对手，从而为产品部门提供市场洞察，收集重要事件及其他社区活动的信息。这类团队还会负责对开发者社区进行调查。

社区经理

正如我们在第 25 章看到的，社区关系是每个人的责任。然而，一旦你的社区成长得足够大，就需要对社区的用户行为、社区活动及奖励、社区大使等事务投入更多精力。为社区管理配置专门的负责人是有必要的。大型的开发者关系项目通常可以划分为线上及线下社区管理。

其他角色

我们常说"一切视情况而定"，这句话同样适用于开发者关系团队的构建。开发者关系项目的运作时间、技术产品类型、社区规模，开发者关系在公司中的定位、企业组织和商业模式类型等，都会影响到你的开发者关系团队的角色该如何构建。

顾问及外部机构

你的团队可能时不时需要一些外部援助（无论是兼职、碎片化的或是合作项目），以推进你的战略，这些援助可以针对此前所介绍的任何角色。开发者关系从业人员通常提供短期的咨询服务，但现在有越来越多专业的开发者关系咨询公司和机构，这也是该行业日益成熟的另一个积极的标志。如果你正在考虑聘用一个机构来支持你的开发者关系项目，我们的建议是询问他们具体的开发者关系项目案例，了解他们如何将其转化为开发者成功。多年来我们经常看到营销和广告代理商自诩为开发者专家，但他们缺乏开发者关系成功所必需的技术知识及行业网络关系。

开发者关系的领导力和职业道路

开发者关系团队应该由谁来领导？这又是一个"视情况而定"的问题。我们当然不会羞于表达自己的信念，当开发者关系由一个致力于开发者关系业务的人领导时，它的成效更好；而当这个人能向高管层汇报时，效果还会更好。

如果开发者关系团队不直接向高管层汇报，谁来领导则通常取决于开发者关系向哪个职能部门汇报。打个比方，如果开发者关系向研发部门报告，就不可能让营销人员来领导。无论如何，开发者关系的领导有责任分享开发者关系的知识，并推动团队与其他部门合作。

开发者关系所面临的挑战之一是：随着资历的增加，职业道路将会碰到天花板。有些工程师转到开发者关系后，无法再回到研发的道路上。也有一些开发者布道师经常看不到进入其他部门的途径。背后的原因可能有以下几点。

- 开发者关系团队的"万事通"人才往往意味着开发者关系从业人员可能不具备从个人贡献者晋升到另一个部门所需的深厚专业知识。
- 由于大多数组织中开发者关系团队往往规模较小，而且开发者关系从业人员非常独立，因此很多人缺乏管理机会。因此，开发者关系从业人员较难转入需要一线管理经验的角色。
- 开发者关系圈子之外的人对于开发者关系角色和专业知识的了解有限。

这种情况正在改变。我们希望本书有助于开发者关系业务的专业化和认可度得到不断提高。当开发者关系向研发部门汇报时，我们看到的工作头衔有开发者关系工程师、高级开发者关系工程师或高级开发者布道师、开发者关系主任工程师和开发者关系首席工程师。当开发者关系向营销汇报时，我们可以看到的头衔有开发者关系协调员、开发者关系经理、开发者关系总监等。

开发者关系（DevRel）是一个跨学科领域，位于产品、研发和营销的边界。无论他们在组织中哪个部分，跨职能协作对于任何开发者关系团队都很重要，但公司可能会根据开发者关系所属部门的不同而对开发者关系候选人有特别的技能要求。例如，Slack 的开发者关系部门位于产品部门职能下，因此它的开发者关系候选人需要具有良好的产品直觉，并能综合考虑开发者反馈。

一个成熟的开发者关系组织会建立清晰的职业生涯发展阶梯。你可以主动了解或跟招聘经理沟通，以便更好地了解哪些技能和职责能让你在组织中取得成功。

——Bear Douglas
Slack 开发者关系总监
Twitter 和 Facebook 的前开发者关系部门职员

开发者关系团队的结构和职位因公司而异。以下是来自 Nexmo 的示例：
- P2——初级开发者布道师；
- P3——开发者布道师；
- P4——高级开发者布道师；
- P5——主任开发者布道师；
- P6——首席开发者布道师；
- M1——开发者关系经理；
- M2——高级开发者关系经理；
- D1——开发者关系总监以及社区、体验和培训总监；
- D2——开发者关系高级总监。

Slack 的例子参考文章"Defining a career path for Developer Relations"，Camunda 的例子参考文章"The Camunda Developer Relations Career Path"。

跨部门协作

大多数开发者关系团队都是想尽办法，以便获得资源和预算。开发者关系从业人员往往有爱拼才会赢的天性，并富有创意。他们通过建立牢固的联系，展示为何他们的"要求"对公司至关重要来释放公司内部的机会。这决定了成败。因此，如果开发者关系项目想要实现长期成功，开发者关系团队就必须是建立内部关系和促进合作的专家，这点至关重要。

正如第 10 章所探讨的，无论你所服务的开发者社区的知名度或成熟度如何，内部政治都会对项目的成功产生影响。如果在运营层面，开发者关系部门与产品或工程团队沟通不畅，那么开发者给你的反馈意见就很难落地。开发者很快就会意识到，你说的不过是空话，同时没有听取他们的反馈。同样，如果你与营销部门没有很好的关系，那么你很快会感到沮丧，因为你的开发者活动很难实施，甚至根本无法运行。

事实上，聘请开发者关系专业人士已经够难了，因此别误解上述内容去聘请一群有政治头脑的人。这反而会导致你的开发者关系项目彻底失败。但是，开发者关系的领导层确实要意识到建立良好内部关系的必要性，并确保在人员流动、公司不断发展和部门重组的过程中，这些关系还能得到维护。如果你在一家新的开发者企业工作，我们建议你从一开始就灌输这种文化。

《2020年开发者关系报告》强调了内部协作的重要性,并提供了开发者关系专业人员用来促进这些联系的策略示例,如图27-2所示。

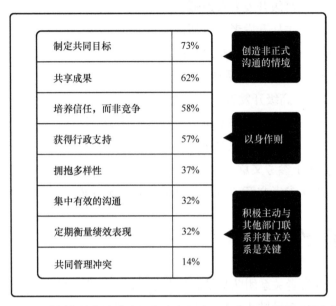

图27-2 跨部门协作的成功要素(来自《2020年开发者关系报告》)

进一步了解如何与利益相关者建立良好关系请参考第10章的内容。

开发者关系从业人员统计数据

越来越多的研究正在打破关于开发者关系的偏见,比如开发者布道师都是穿着连帽衫的20多岁男性,他们背着贴满贴纸的笔记本电脑,滑着滑板去参加黑客松。有些时候,夸大其词是为了说明问题,但遗憾的是,许多误解仍然存在。

30%的开发者关系从业人员超过40岁,这实际上比他们所服务的开发者的平均年龄还大,只有16.8%的专业开发者超过40岁。

随着开发者关系的发展和成熟,开发者关系从业人员的经验水平也在不断提高,超过一半(52.8%)的人拥有4年以上的经验,如图27-3所示。

开发者关系仍然以男性为主（61%），但在过去几年中，女性的比例已经增加到 30%，与一般的开发者人口相比，这个比例更高；据报道，在专业开发者中，女性的比例只有 7.7%。

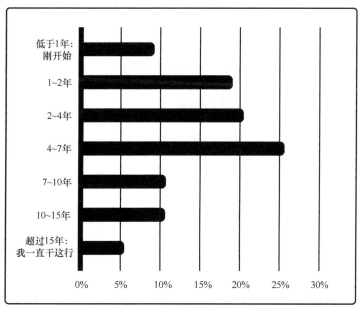

图 27-3　开发者关系从业人员的工作年限（来自《2020 年开发者关系报告》）

很多人都说作为开发者关系从业人员必须拥有技术领域的学位。事实上，在《2020 年开发者关系调查》中，只有超过一半（52%）的受访者声称拥有相关学位，而且这一比例近年来一直保持稳定。如果开发者关系团队被要求对产品代码库做出贡献或编写高技术性的内容，那么技术学位是有益的，但也有许多优秀的开发者关系专业人士没有技术学位。

一位典型的开发者关系从业人员的工资在 10 万到 15 万美元，依据公司规模不同，工资情况如图 27-4 所示。

我们相信开发者关系从业人员的工资将持续上升，以更好地代表开发者关系在组织中的战略价值，同时体现其对人才的特殊要求（技术、营销、人际关系能力的综合），并进一步验证论点：开发者关系必须提升到高管级别，即出现首席开发者关系官（Chief Developer Relations Officer，CDRO）的角色。

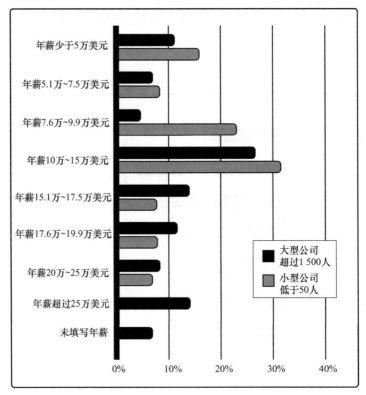

图 27-4　开发者关系从业人员的薪资水平（按公司体量大小）

开发者关系招聘

好消息是，与 15 年前相比，开发者关系拥有了越来越多有经验的从业者，而且认知水平已经达到一定高度，这要归功于 GitHub 校园专家、微软公司、Major League Hacking 等组织的工作。目前，想在大学毕业后进入这个行业的学生越来越多。

不过，请注意，大多数面向学生的推广活动几乎都是为了鼓励学生采用公司的技术，并创造一个积极的品牌印象。当然，公司更多的是希望学生毕业后能成为技术产品的使用者和付费者。因此，当学生与公司和赞助机构的代表接触时，开发者关系只不过是作为一种职业选择而得到间接宣传。

识别潜在开发者关系人才的一个好方法是观察你的目标开发者社区。在那里，你可以探寻那些拥有你所需要的技术能力并在人群中脱颖而出的人。例如，开源项目的贡献者、聚会的组织者、令人印象深刻的公共演讲者/演示者，以及在黑客松活动中帮助人们的天生的教师。

你也可以在内部招聘。随着对开发者关系认知的提高，我们看到越来越多的来自市场和产品团队的人想要抓住机会成为开发者关系团队的一员。他们积极面对新的开发者活动所带来的挑战，乐于分享技术，不断影响产品并与公司外的开发者互动。

当然，你会接触到其他公司的开发者关系从业人员。是的，令人震惊的是，那里竞争很激烈，许多开发者关系的专业人士会被挖走。也许开发者关系的独特之处在于，作为与开发者社区直接对话（如向开发者宣传技术产品）的副产品，你实际上是在花钱为你自己建立个人品牌形象。这实际上是双赢的。开发者关系的员工越受尊重，追随者就越多，他们为你创造的机会就越大。

请注意，声誉就是一切。在招聘人才的过程中，千万不要做任何不可告人、暗箱操作的事情，否则很快就没有人愿意为你工作或购买你的产品。

雇佣并建立具有包容性的文化和团队

一切还是从"头"开始——你的领导层和董事会是否多元化？你是否发出了正确的信号，是否将思想的多样性和包容性作为你要实现的目标的核心？如果你的职权管理风格缺乏包容性和多样性，那么你做的任何招聘工作都将缺乏真实性和可信度。

你需要设定正确的文化基调，平等对待每个人，给予同等技能和影响力的人相同的报酬，并确保每个人的意见都得到尊重，每个人都有平等的发言时间，不受干扰地发表自己的意见。你需要思考公司的价值观，以及它们如何引导员工的行为。

你需要确保你的招聘要求不是个简单粗暴的过滤器。例如，开发者关系职位是否真的需要学位才能取得成功？强制的学位要求会自动排除一大群应聘者。说清楚你希望将什么样的技能或做事态度带入业务是更好的选择。如果你要求太多，除自信的男性以外，你会把所有人都拒之门外。事实上，在招聘时，不要称它们为要求——而是说"如果你有……你会真的很喜欢这个角色"。更好的方式是对候选人解释和推销这份工作，例如，你将处理多少数据、每周提交多少次、你将进行多少次演讲以及描述谁将使用你的软件并从中受益等。

> **避免建立一支克隆军队**
>
> 谈到招聘，最大的错误是认为你可以在没有任何经验的情况下进行招聘。
>
> 相反，想想我们是为谁建立的，然后去和这些社区谈谈他们为什么可能想和你一起工作，或者去和一些招聘部门合作，他们有很好的网络，可以帮助你，给你一个多样化的管道。如果你与招聘部门合作，他们只是给你发送一个看起来符合要求的候选人，那么这就不是一个好的招聘人员——与他们聊聊这些东西，他们应该能够帮助你。
>
> ——Thayer Prime
> Team Prime 创始人兼首席执行官

如果你没有现成的网络和关系来识别和直接找到潜在候选人，那么在宣传你的角色和使用关键词时要考虑周全。通过使用联合服务，最大限度地扩大招聘广告的影响力。越来越多的文章描述如何使用语言吸引你的目标对象。如果你总是使用像"雄心勃勃"和"充满激情"这样的短语，或是像"加入火箭"这样的谚语，在办公室放置一个桌上足球台，都会显示出对年轻男性的偏好。即使是无意识的偏见，它仍然是偏见，并会打击应聘者的多样性。

如果你真的希望团队具备年龄、性别、种族和社会经济背景的多样性，请别再想那些陈词滥调。要谈论生活，而不仅仅是工作。当一个人处于不同的人生阶段，或面临不同的个人情况时，会选择重视不同的事物。灵活的工作时间、居家办公、养老金计划、病假工资、医疗保健、产假和陪产假规定、儿童保育、假期等，都是多元化劳动力所重视的因素。

小结

开发者关系团队远不止是雇佣一名开发者布道师那么简单，其范围比雇佣一个人进行管理来得更广。从一开始，你的开发者关系项目就会依赖于跨部门之间的协作，随后不断补充专业人才以扩大团队业务。

有经验的开发者关系专业人员比我们想象的要多,但这仍然是一个不断成长的领域,他们需要在工作中不断学习新的知识,包括内容创作、战略和研究、线上营销、宣传布道、编写示例代码等。

　　当然,在招聘合适的团队角色时,你还需要考虑开发者关系项目的年限、产品类型、社区规模、公司类型和商业模式、开发者关系的目标,以及开发者关系在组织中的职能地位等。我们确信,一个强大的开发者关系项目将有一条明确的职业道路来吸引最优秀的人才,而且很快我们就会看到公司中出现首席开发者关系官。

第28章　开发者关系项目的实施——从0到1

开发者关系涉及面广，需要兼顾各方关系，而其战略性又使得开发者关系变得更加复杂。因此，在组织中往往存在着针对开发者关系项目管理和发展路径的不同观点。作为开发者关系的领导，你必须建立和维护众多跨部门关系，并在跨部门合作中对项目方案具备自信和权威。

快速找到入手点很关键。本书旨在触发读者思考"我该如何入手实施本书介绍的理念？自力更生吗？"还是"怎样影响利益相关者，并获得他们的支持？"

应对任何复杂问题的基本思路是分而治之，并在分解后的子模块中定位问题。在本章中，我们将介绍如何加速开发者关系项目从0到1的发展，以及如何衡量项目的成熟度。

定义开发者关系项目的成熟度

每个项目都有起点。无论项目背景有何差异，所有开发者关系项目在发展过程中都希望提升业绩，扩大影响，增加投入。

我们创建了一个评估开发者关系项目成熟度的框架，如图28-1所示。此框架的横轴、纵轴体现了评估项目成熟程度的两类因素。

- 纵轴是递增的产出——权威性、公信力和影响力。开发者关系项目成熟的标志包括：项目对利益相关者的更大影响，得到利益相关者更多的支持，以及在规模兴盛阶段获得更多投资。横轴说明了这些从利益相关者获得支持的关键因素。开发者关系团队的目标是提高公司和产品在开发者受众中的权威性和公信力。随着这些外部影响力的提升，项目在企业内的影响也会相应提升。这种影响可能以收入或其他指标来衡量。正如第8章所述，收入并非开发者关系项目创造的唯一价值。

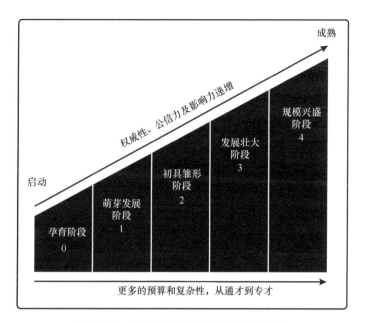

图 28-1 开发者关系项目成熟度评价框架

- 横轴是递增的投入——预算和复杂度。对开发者关系项目的投入越多，项目组人数、活动数量和开发者数量也同样会增多。获得更多投资固然是好事，但这也意味着项目的管理复杂性更高。请参考本书关于如何将项目目标与公司目标对齐的章节，以确保开发者关系项目满足公司高管的期待。公司投资越多，对项目的期望也会越高。因此我们强烈建议开发者关系负责人是公司的高管团队成员。

全面了解开发者关系项目成熟度的影响因素，弄清开发者关系项目所处的阶段，有助于加速其发展。接下来我们将深入探讨每个阶段的具体细节。

评估开发者关系项目的成熟度

如何判断特定项目的所处阶段，并加速推进到下一阶段呢？

图 28-1 展现了开发者关系项目的 5 个阶段：

第 0 阶段：孕育阶段；

第 1 阶段：萌芽发展阶段；

第 2 阶段：初具雏形阶段；

第 3 阶段：发展壮大阶段；

第 4 阶段：规模兴盛阶段。

如表 28-1 所示，你可以用这 10 个指标来衡量项目在每个阶段的成熟度。通过了解这些指标的含义，评估项目表现，你可以针对性地投入资源，从而高效地推动项目发展和成熟度的提高。当然，这些指标在不同类型和规模的公司中也会存在差异。

表 28-1 开发者关系项目的成熟度指标

指标	说明
1. 产品	产品状态和产品数量
2. 开发者关系项目	开发者关系项目的状态
3. 专职的开发者关系工作人员	开发者关系项目的工作人员补充
4. 开发者关系战略	临时或全面的战略状态
5. 预算	预算规模
6. 内部的认知及对齐	公司内部对于开发者关系项目的认知及整合状况
7. 开发者推广活动	开发者关系项目从无到有所产生的复杂性
8. 开发者培训及开发者体验	学习资源及文档的状态
9. 衡量指标	复杂程度的类型和水平，对公司的影响
10. 开发者社区	社区规模和贡献水平

这 10 个指标在每个阶段都有所不同。

第 0 阶段：孕育阶段

孕育阶段是开发者关系在组织内的孕育阶段。在此阶段，通常一个面向开发者的全新产品尚在开发中。有人发现开发者关系是开拓市场的有效渠道，但这对公司是个新生事物。这个阶段需要为相关投资进行调研和立项。

成熟阶段 0。

1. 产品：1（可能是 alpha 版）。
2. 开发者关系项目：无。

3. 专职的开发者关系工作人员：无。

4. 开发者关系战略：无。

5. 预算：无。

6. 内部的认知及对齐：无。

7. 开发者推广活动：无。

8. 开发者培训及开发者体验：无。

9. 衡量指标：无。

10. 开发者社区：无。

第 1 阶段：萌芽发展阶段

当一个人或小团队针对新推出的亮点工具如 SDK、API 或其他开发者产品，决定要投入某些形式的开发者关系工作来提高其成功机会时，这就意味着正式进入第 1 阶段了。他们或许对于什么是开发者关系或哪些活动是必要的并没有预设想法，不过直觉告诉他们要引入开发者参与他们所构建的东西。

正如前面提到的，通常一两位工程师或创始人主动开始回答 Stack Overflow 上的问题，或开始参加聚会，聊聊他们的工作。他们偶然间成为产品的布道师，通常并没有任何"宏伟计划"，甚至没有得到任何许可。

他们被自己创造产品的热情所激励。你还记得第 5 章讨论的"这是我做的"开发者的常识吧？

那么，这同样适用于内部的工程师和创始人，也适用于你试图吸引的开发者社区的广大成员。他们对自己的工作有同样的自豪感，这些先驱者为正式项目的发展铺平了道路。

即使没有人很清楚他们在做什么，但这并不能阻止他们！他们开始即兴发挥，在实践中学习。

成熟阶段 1。

1. 产品：1（可能是 beta 版）。

2. 开发者关系项目：无。

3. 专职的开发者关系工作人员：无，但有 1~3 位热情的发烧友。

4. 开发者关系战略：无。

5. 预算：无。
6. 内部的认知及对齐：受限的。
7. 开发者推广活动：按需安排（无整体计划）。
8. 开发者培训及开发者体验：基本。
9. 衡量指标：非正式。
10. 开发者社区：小于 1 000 人。

第 2 阶段：初具雏形阶段

在第 2 阶段中，公司决定至少要雇佣一位全职或兼职的员工来思考开发者关系。这是组织内部正式确定投入开发者关系的开始，公司已经确认开发者关系是技术产品进入市场的潜在途径。

触发的原因可能是由于即兴阶段所取得的成果，可能是向董事会或投资人进行了令人信服的战略推销，又或者是需要因应竞争压力而不得不正视开发者关系的建立。无论是哪种情况，现在都有人有责任弄清楚需要做什么。

遗憾的是，我们经常看到个人贡献者被请来"做"开发者关系。可想而知，公司不可能在对开发者价值不够深切体会的情况下就全力以赴。在这个阶段，公司倾向先控制好人力资源成本的投入，同时评估"开发者机会"是否值得追逐。

在一段时间内，成为首选的人确实会很兴奋且充满活力，但从长远看，如果公司真的想在开发者方面取得成功，这种情况是不可持续的。除职业倦怠的风险以外，很难找到一个既精通开发者关系的技术和战术方面的通才，同时又有足够的经验和影响力能与领导团队互动并成功游说，更难想象这个人还能推动这股势头进而制订一个战略计划，以进入接下来的"发展壮大阶段"。

理想情况下，我们建议聘请具有开发者关系经验、资历和组织结构的人来制定战略，建立必要的内部合作，并为发展壮大阶段制订预算和招聘计划。他将会制订计划、创建团队所需的角色，开始进行推广活动，从新生的社区搜集反馈，并确保提供给开发者的教育培训、内容及文档是基本可用的。如果他们的人品很好或特别好运，也可以去窃取或是寻求其他部门的支持，又或是花费预算来聘请外部专家。

成熟阶段 2。

1. 产品：1（完整发布版）。
2. 开发者关系项目：初创期。
3. 专职的开发者关系工作人员：1~5 位。
4. 开发者关系战略：制订计划中。
5. 预算：小于 5 万美元。
6. 内部的认知及对齐：不断增长。
7. 开发者推广活动：在有限的渠道中进行测试。
8. 开发者培训及开发者体验：基本。
9. 衡量指标：基本的。
10. 开发者社区：小于 5 000 人。

第 3 阶段：发展壮大阶段

经过前两个阶段的大量试验所得到的经验，公司对目标开发者、价值主张或变现战略有了越来越多的了解，同时也了解到开发者对公司来说是个重要的机会。因此，这个项目准备好飞速成长了。

在发展壮大阶段，开发者社区通常会增加 10 000 到 50 000 名开发者，开发者背后代表的预算达到约 100 万美元。此时，最初的个人贡献者被提拔为该项目的领导，或者从外部新聘了一位新的开发者关系领导。与此同时，团队将雇佣更多的员工，招聘画像逐渐从试图做所有事情的通才转向某些角色的专业人员。产品在功能方面可能会有所增长，并创建了附加产品，或增加了销售类别。团队与社区的互动也会增加，以获取开发者的意见反馈。

此类开发者关系团队的扩大建立在所有因素同时增长的前提下。例如，一个项目可以在两年或更短的时间内经历快速增长，但这同时需要有大量的预算、优秀的团队和企业高层认可的支持。如果公司上下没有一条心，预算不足，项目可能会受其掣肘甚至夭折。此时，再优秀的团队和技术文档质量对开发者也毫无吸引力。

成熟阶段 3。

1. 产品：小于 5 个。
2. 开发者关系项目：1 个。

3. 专职的开发者关系工作人员：小于 10 位，成长中。
4. 开发者关系战略：有。
5. 预算：小于 100 万美元。
6. 内部的认知及对齐：改善中。
7. 开发者推广活动：正规化运作。
8. 开发者培训及开发者体验：改善及扩展中。
9. 衡量指标：优良。
10. 开发者社区：小于 1 万人，当中有贡献者。

第 4 阶段：规模化阶段

随着开发者关系工作不断产生积极作用，开发者关系领导团队必须确保公司持续对开发者关系进行投资，使其能够扩大规模。团队角色进一步专业化，国际业务等新动态开始显现，并对公司上市计划、报告层级、个人技能和团队地理分布等一切产生影响。

开发者关系项目涵盖的领域复杂性不断增加。同时，随着期望值的提高，团队成员的数量也在增加。数据表明，15%的开发者关系项目团队超过 100 人，尤其是那些需要支持多种产品的项目。相配套的预算可能会超过 500 万美元，从而能够开展更多的开发者活动。开发者社区的规模会增加到数十万，甚至数百万。

在成功的开发者+企业中，甚至可能会涌现多个开发者关系项目。在大型复杂的组织中，由于其他部门不知道你的项目，他们可能开展自己的开发者活动。也有可能他们知道你的项目，但还是在这么做。

成熟阶段 4。

1. 产品：多个。
2. 开发者关系项目：1 个或更多。
3. 专职的开发者关系工作人员：大于 10 位，成长中。
4. 开发者关系战略：有。
5. 预算：大于 100 万美元。
6. 内部的认知及对齐：高。
7. 开发者推广活动：精细复杂。
8. 开发者培训及开发者体验：全面。

9. 衡量指标：全面且对业务有影响。
10. 开发者社区：超过 5 万人，当中有活跃贡献者。

比较各个阶段和指标

我们尝试在表 28-2 中汇总各个阶段和指标，以便进行横向比较。开发者关系项目的发展或许不能完全匹配或对应到某个阶段，但使用此框架可以深入了解如何改善工作，进而为你的社区提供最好的开发者关系项目。

表 28-2 开发者关系项目的成熟阶段及指标对比

指标	0 孕育阶段	1 萌芽发展阶段	2 初具雏形阶段	3 发展壮大阶段	4 规模兴盛阶段
产品	1个	1个	1个	小于5个	多个
开发者关系项目	无	◔	◑	◕	●
专职的开发者关系工作人员	无	1~3位热情的发烧友	1~5位	小于10位，成长中	大于10位，成长中
开发者关系战略	无	◔	◕	◕	●
预算	无	无	小于5万美元	小于100万美元	大于100万美元
内部认知及对齐	无	◔	◑	◕	●
开发者推广活动	无	按需安排	测试	正规化	精细复杂
开发者培训及开发者体验	无	◔	◕	◕	●
衡量指标	无	◔	◕	◕	●
开发者社区	无	小于1 000人	小于5 000人	小于1万人	超过5万人

小结

了解开发者关系项目的成熟度将有助于你：

- 了解当前的优先事项，集中注意力，不被其他可能想做的事情分心；
- 使用本书提供的框架及工具，更好地创建和推进项目；
- 在过渡到下个成熟阶段的过程中，向利益相关者寻求资源时更加清晰而有条理；
- 清楚认识到项目进展；
- 为社区提供最好的开发者关系项目！

第29章 结语——化理论为行动

确定目标读者是撰写这本书的最大挑战：我们到底是为谁而写？

当然是为开发者关系的从业人员，其中一些人已经投身此领域几十年，管理着经验丰富的开发者关系团队，他们在世界领先的技术公司中拥有数百人和数千名开发者；也有年轻创业公司中刚刚起步的开发者关系团队，他们的资源相当有限。

除开发者关系领域的从业人员之外，我们认为本书的大部分内容对组织中开发者关系的利益相关者来说也是必读作品。我们编写本书的目标是提高他们对这个领域的理解，使其对开发者关系产生共鸣，并与之树立共同的目标。

对于处在两种极端的经验光谱之间的开发者关系从业人员，要设计出一套通用的工具和框架确实很有挑战性。我们真心希望这里面有一些通用的经验和办法，能够帮助所有人。

写作本书最容易的部分是我们几位作者对这本书的理念达成了高度一致。我们很早就做出了一个决定：这本书不会被写成开发者关系领域的"权威指南"。你可能已经注意到，我们在某些时候提出建议时，常说"视情况而定"这样的话语。我们希望这本书能够为开发者关系的地位打下更坚实的基础，并对当前已有的大量优秀的开发者关系业务提供支持。我们希望我们的想法能够在开发者社区的反馈中不断得到完善。

我们相信这本书提供了针对开发者关系的全面和战略性分析，对各个阶段的开发者关系项目都将有益。这本书有助于提高大众对开发者关系的认可，并不断推动其专业化，并最终将开发者关系的地位提升到公司内部的最高级。

接下来就到你了

撰写本书是一个相互协作的过程，我们希望这种协作能继续下去。所有本书提及的框架都可以通过本书的 GitHub 库获取，也可以通过访问 DevRelBook 网站获得。你可以根据实际需要使用和调整。别忘了告诉我们你喜欢/不喜欢哪些内容。

由开发者关系专业人员组成的社区充满着活力，大家相互支持，一起推动开发者关系业务的进步。我们是这项运动中的一小部分。许多人都慷慨地付出了时间来投入支持这本书的写作，我们对此表示感谢。

如果你的角色是开发者关系，或者希望从事开发者关系方面的工作，又或者你只是对这个主题感兴趣，请浏览我们网站上列出的所有与开发者关系相关的资源，以了解更多信息。你也可补充贡献相关内容和见解，让我们一起加入这个伟大的社区。

祝你好运！

Caroline 和 James
2021 年 8 月